Andrea Liebers

Das Geheimnis des Buddha

Andrea Liebers, geboren 1961 in Karlsruhe, studierte in Heidelberg mittelalterliches Latein und Germanistik und schrieb eine Doktorarbeit über europäische Wundergeschichten des 12. Jahrhunderts.
Heute arbeitet sie als Kinder- und Jugendbuchautorin, Journalistin und Trainerin für kreatives Schreiben. Andrea Liebers beschäftigt sich seit vielen Jahren mit den asiatischen Weisheitslehren, besonders begeistert ist sie vom Buddhismus.

2. Auflage
Edition Kimonade

Text: Andrea Liebers
Umschlag: Theresia Winkler
Satz: Lisa Menzel
Druck: JELGAVAS TIPOGRĀFIJA, Lettland
ISBN 978-3-947884-54-4
www.wormsverlag.de

Inhalt

Ein Beben bis zum Himmel

Erschrocken reißt Siri die Augen auf und löst ihre Arme, die sie schmerzhaft verkrampft um das Kopfkissen geschlungen hat. Träumt sie? Ist sie überhaupt aufgewacht? Die Bettpfosten sehen aus, als würde jemand an ihnen rütteln. Wenn das kein Traum ist, dann muss es ein Erdbeben sein! Jetzt wacht ihr Bruder Tissa auf. „Siri?", ruft er ängstlich in das mondhelle Zimmer hinein.

„Hier bin ich!", antwortet sie und gibt ihrer Stimme einen festen Klang.

„Was ist denn los?", fragt Tissa und Siri hört, dass er gleich in Tränen ausbricht.

„Das ist ein Erdbeben, ich glaube, es hat gerade erst angefangen." Wenn ihr Bruder jetzt heult, dann wird sie ihn nicht trösten können. Der helle Streifen, den der Vollmond auf dem Fußboden hinterlässt, flackert wie eine Kerzenflamme im Windzug.

Das Erdbeben bringt die Spielsachen, die auf dem Regal liegen, zum Rutschen. Tissas Ball rollt auf dem Boden von einer Wand zur anderen. Die schöne Öllampe aus Ton, ein Geschenk der Großmutter, die der Vater vor ein paar Tagen an die Decke gehängt hat, pendelt hin und her.

Siri atmet tief durch, steigt vorsichtig aus dem Bett und läuft auf dem wankenden Boden zu ihrem Bruder.

„Schnell, komm mit!", drängelt sie, fasst seine kleine Hand und zieht ihn hinter sich her. „Wir müssen zu den Eltern!"

Als sie im Schlafzimmer angekommen sind, bleiben sie wie versteinert stehen. Die Betten der Eltern sind leer!
Tissa ruft erschrocken: „Mama, Papa, wo seid ihr?“ Aus der Küche ist Scheppern und Klirren zu hören. Dann zerschellt etwas am Boden. Siri drückt Tissas Hand fester. Wieder wird das Haus von einem Erdstoß erschüttert. Wie von Geisterhand öffnen sich die Fensterläden und schlagen auf und zu.
„Mama, Papa!“, ruft Tissa laut. „Wo seid ihr?“
„Sie wollten doch ins Stadthaus gehen, zu der Versammlung. Vielleicht sind sie noch nicht zurück?“, meint Siri. „Oder vielleicht sind sie nach draußen gegangen ... Nachsehen, was los ist?“ Ihr Herz klopft bis zum Hals, doch sie versucht ruhig zu bleiben.
„Ohne nach uns zu schauen?“, schluchzt Tissa.
„Los, auf, nach draußen!“, bestimmt Siri mit der Stimme einer großen Schwester. Sie hasten aus dem Haus. Auf der Veranda sind die Eltern auch nicht!
„Wo sind Mama und Papa?“, wimmert Tissa und weint.
Im bleichen Mondlicht kann man die Häuser der Nachbarn, die Bäume und die Reisfelder erkennen. Ein feiner Dunst liegt wie ein Schleier über dem Boden. Die Kühe, die weiter entfernt zwischen dem Gras stehen, werden davon fast eingehüllt. Wieder grollt es dumpf und unheimlich im Innern der Erde. Kräfte sammeln sich dort und bringen Häuser, Bäume, Felder, Wiesen und Nebelschleier zum Schwanken. Das Merkwürdigste ist, dass das Beben bis zum Mond und zu den abertausend Sternen reicht. Das ganze Weltall wird von heftigen Stößen erschüttert.
Ein Beben, das den Himmel zum Wanken bringt, muss ein Wunder sein! Siri lacht auf.

„Warum lachst du?", fragt Tissa und hört auf zu weinen.
„Weil der Himmel bebt! Schau mal nach oben!" Tissa folgt ihrem ausgestreckten Zeigefinger. Sein Mund bleibt vor Überraschung offen stehen. „Die Sterne hüpfen!", ruft er.
„Komm, das schauen wir uns richtig an!", übermütig schnappt sich Siri die bunte Decke, die auf der Veranda liegt, rennt in den Garten und breitet sie auf dem taunassen Gras aus. Sie legen sich auf den Rücken und schauen nach oben. Siri und Tissa fassen sich an den Händen. So etwas Merkwürdiges wie ein Himmelsbeben übersteht man am besten, wenn man nicht alleine ist.
Endlich kommen die Eltern. Als sie ihre Kinder im Gras entdecken, laufen sie auf sie zu und nehmen sie schluchzend in die Arme.
„Warum weint ihr?", fragt Tissa besorgt.
„Wo wart ihr überhaupt so lange?", will Siri wissen und merkt gleich, dass die Eltern ziemlich verstört sind. Sie antworten auch nicht, sondern schauen stattdessen furchtsam nach oben, wo der Mond zwischen den tanzenden Sternen leuchtet.
„Schaut mal, die Sterne hüpfen!", ruft Tissa begeistert und strahlt die Eltern an.
„Wisst ihr, warum das passiert?", fragt Siri und deutet zum Himmel.
„Seid still", antwortet die Mutter. Ihre Stimme klingt ängstlich, aber zum Glück fest und trotzdem liebevoll.
Mit der Zeit beruhigt sich die Erde, und das Beben lässt nach. Die Sterne und der Mond am Himmel sind wieder da, wo sie hingehören, und die warme Nacht strömt ihre feuchten, milden Düfte aus. Erschüttert und ergriffen bleiben die Eltern mit den Kindern noch eine Weile draußen stehen. Dann sagen sie:

„Kommt, wir gehen ins Haus."
„Wart ihr die ganze Zeit im Stadthaus?", fragt Siri noch einmal, als ihr Vater sie ins Bett bringt. Er nickt. „Als es bebte, sind wir schnell zurückgekommen. Wir hatten solche Angst um euch", antwortet der Vater und drückt Siri liebevoll an sich.
„Warum wart ihr denn überhaupt im Stadthaus?" Tissa kuschelt sich unter seine Bettdecke und hält die Hand der Mutter, die sich an seinen Bettrand gesetzt hat.
Die Mutter lächelt ihn an. Dann erklärt sie ernst: „Alle Einwohner der Stadt sind gestern gebeten worden, sich abends im Stadthaus zu versammeln. Wir haben besprochen, wie wir den berühmten Mann, der mit seinen Anhängern und Schülern zu uns nach Kusinara gekommen ist, gebührend begrüßen könnten. Mehr als tausend Leute begleiten ihn. Die müssen untergebracht und versorgt werden", antwortet sie und gibt Tissa einen Gute-Nacht-Kuss.
„Hat die Erde deshalb bis zum Himmel gebebt, weil der berühmte Mann zu uns kommt?", fragt Siri neugierig nach. „Und wisst ihr schon, wie er begrüßt werden soll?", fügt sie schnell hinzu.
„Das erzähle ich euch alles morgen. Schlaft jetzt. Es ist sehr spät", sagt die Mutter und erhebt sich.
„Aber ...", protestiert Siri, richtet sich auf und will weiterfragen.
„Es ist wirklich spät. Macht die Augen zu!", mahnt ihr Vater streng und drückt seine Tochter zurück in die Kissen.
„Morgen wissen wir bestimmt auch mehr über das Erdbeben", tröstet die Mutter und schließt die Fensterläden, damit der Mond mit seinem Licht ausgesperrt bleibt.

Offene Fragen

Als Siri aufwacht, ist es dunkel. Kein Wunder, denn die Fensterläden sind zu. Warm und stickig ist es. Sie springt aus dem Bett und gleich fällt ihr die merkwürdige Nacht ein. Sie bleibt stehen, um den Boden zu prüfen. Kein Schwanken, kein Beben - nichts. Beruhigt geht Siri zum Fenster, öffnet die Holzläden und sofort erobert helles Sonnenlicht das Zimmer.
Die Strahlen treffen Tissa mitten ins Gesicht und kitzeln ihn wach. „Ich bin müde“, murmelt er und wirft sich auf die andere Seite. „Ich will noch schlafen!“
„Nichts da!“, sagt Siri energisch. „Los, aufstehen! Wir fragen die Eltern nach dem Erdbeben! Was sie im Stadthaus besprochen haben und welcher berühmte Mann uns besuchen kommt, das würde ich auch gerne wissen!“
Da fallen Tissa die Vollmondnacht und die hüpfenden Sterne ein, und von Weiterschlafen ist keine Rede mehr.

„Sie sind schon wieder weg!“ Siri sitzt enttäuscht am Küchentisch und trinkt frisch gepressten Saft. Wenigstens haben die Eltern daran gedacht, ihnen ein Frühstück hinzustellen.
„Wohin sind sie denn jetzt gegangen?“, fragt Tissa und setzt sich zu seiner Schwester.
„Woher soll ich das wissen!“, antwortet Siri und holt das große scharfe Messer aus der Schublade, um eine Papaya aufzuschneiden. Eigentlich haben das die Eltern verboten. Aber die sind schließlich nicht da.

Tissa schaut begeistert zu, wie seine Schwester mit dem Messer hantiert. In Siris Kopf arbeitet es. Wo sind die Eltern hin? Zu den Nachbarn? Sie schaut aus dem Fenster. In den Häusern rechts und links scheint heute Morgen auch niemand zu sein. Womöglich sind alle im Stadthaus zusammengekommen. Warum haben ihre Eltern sie schon wieder allein gelassen? Vielleicht ist etwas Schlimmes passiert und das mit der Vorbereitung einer Begrüßung für den berühmten Mann war nur eine Ausrede. Siri zieht die Stirn in Falten.

„Woran denkst du?", fragt Tissa.

„Wir müssen herausbekommen, ob die Eltern gestern wirklich im Stadthaus waren und wo sie jetzt sind", meint Siri. „Und ob das etwas mit dem Erdbeben zu tun hat!", fügt sie energisch hinzu, säubert das Messer und legt es zurück in die Schublade.

„Wir können warten, bis Mama und Papa wieder kommen und sie fragen", schlägt Tissa vor.

„Das kann lange dauern", Siri schaut auf die verlassenen Nachbarhäuser.

„Ich weiß, was wir tun!" Ihr Gesicht hellt sich auf. „Wir gehen in das Mangowäldchen, da treffen wir bestimmt jemanden, den wir fragen können."

„Sollen wir nicht gleich ins Stadthaus gehen?", Tissa schielt nach der Küchenschublade.

„Wenn in der ganzen Stadt wirklich viele tausend Menschen sind, dann ist es mir dort zu voll", antwortet seine Schwester und drängt ihn sich zu beeilen.

Sie holen aus ihrem Zimmer die bunt bestickte Decke, die sie um die Schultern legen können. Denn obwohl die Sonne heiß vom Himmel scheint, weht im Mangowäldchen zuweilen ein kühler Wind. Dann rennen sie die staubige Straße entlang auf die großen Bäume zu und sind bald im schattigen Grün verschwunden. Bis jetzt haben sie außer einigen Tieren noch niemanden gesehen. Ein paar Wasserbüffel stehen am Ufer des Flusses und schauen ihnen neugierig hinterher. Selbst die Kinder, mit denen sie sonst spielen, sind nirgends zu sehen. Ob deren Eltern sie mit ins Stadthaus genommen haben?

„Siri, da ist jemand!“ Tissa ist stehengeblieben.
„Wo?“, fragt sie und schaut sich um.
„Dort unter dem großen Mangobaum, wo wir einmal das Elefantenbaby gesehen haben!“, flüstert Tissa. „Ich glaube, der schläft!“
Auf Zehenspitzen gehen sie auf den alten Mann zu. Er trägt ein ausgebleichtes, gelbliches Gewand. Siri fällt auf, wie ordentlich er es gefaltet und gebunden hat.
„Sollen wir ihn wecken?“, fragt Tissa leise und betrachtet ihn scheu. Er hat eine runzelige Haut. Seine Arme sind so faltig, dass sie einer Elefantenhaut ähnlich sehen. Seine Hände sind noch runzeliger. Doch das Allerrunzeligste ist seine Kopfhaut. Da er keine Haare mehr hat, kann man sie ganz genau sehen.
„Ich weiß nicht recht“, flüstert Siri zurück, „vielleicht wird er dann ärgerlich?“
In diesem Moment schlägt der alte Mann die Augen auf.
„Entschuldigung!“, beeilt sich Siri höflich zu sagen.
„Wir wollten Sie nicht stören!“, erklärt Tissa und sieht unsicher seine große Schwester an.
„So?“, fragt der Alte zurück. „Ihr wolltet mich also nicht stören?“

Siri nimmt ihren Mut zusammen und antwortet: „Ehrlich gesagt, wollten wir Sie schon stören, denn wir haben ein paar wichtige Fragen und unsere Eltern sind heute morgen früh einfach weggewesen. Die haben wir nicht fragen können."
„Und auch die Nachbarn sind weg", erklärt Tissa mutig.
„Sie sind der Erste, der uns begegnet", meint Siri.
„Setzt euch zu mir", fordert der alte Mann sie auf.

Dankbar breiten Siri und Tissa ihre Decke neben ihm aus und nehmen Platz. Bestimmt war er heute Nacht auch wach und hat das große Erdbeben erlebt. Dann wird er ihre Fragen verstehen.
„Ähm", Siri räuspert sich. „Dürfen wir Sie vorher noch fragen, wie Sie heißen?"
„Aber sicher. Ich heiße Ananda, und wie heißt ihr beide?"
„Siri und Tissa, wir sind Geschwister."
„Und was sind eure Fragen?", Herr Ananda schaut sie freundlich an. Seiner Kleidung nach muss er einer der Wandermönche sein, von denen es hier viele gibt.
„Was der Grund für das Erdbeben ist wollen wir wissen", fragt Siri.
„Warum ist es bis hoch an den Himmel gegangen?", fragt Tissa weiter.
„Bedeutet das, dass die Welt bald untergeht?" Das könnte der Grund für die Angst und Besorgnis der Eltern sein, hat Siri sich überlegt. „Vielleicht wissen Sie auch, warum unsere Eltern gestern im Stadthaus waren. Angeblich hat sich dort ganz Kusinara versammelt", fragt sie weiter.
„Und wer ist der berühmte Mann, der uns besuchen kommt?" Tissa reckt seine Nase in die Höhe.

Traurig sieht der alte Mann aus, erschöpft und besorgt. Vielleicht ist der Grund für das Erdbeben doch schlimmer als sie sich vorstellen können, geht es Siri durch den Kopf und sie wechselt einen nachdenklichen Blick mit ihrem Bruder.

Herr Ananda strafft seinen alten Rücken und atmet tief durch. Die Kinder schauen ihn gespannt an.
„Hilfe!“, schreit Tissa plötzlich, springt auf und klammert sich am Arm seiner Schwester fest.
„Da, da, da ist ein kleiner Tiger!“, stammelt er aufgeregt.
Siri starrt erschrocken auf das wilde Tier, das sich vorsichtig anschleicht. Sie ärgert sich, dass sie das Messer aus der Küche nicht mitgenommen hat. Wenn jetzt noch die Tigermutter kommt, dann wird von ihnen außer abgenagten Knochen nichts übrig bleiben.
Herr Ananda erhebt beschwichtigend seine Hände und sagt: „Keine Angst. Ich kenne das Tigermädchen. Es tut euch nichts.“
„Wirklich?“ Siri sieht zögernd von Herrn Ananda zu dem Tigermädchen und wieder zurück zu Herrn Ananda.
„Ehrenwort“, sagt Herr Ananda und fährt fort: „Es hat die gleiche Frage wie ihr. Es will wissen, warum heute Nacht die Erde bis hoch zum Himmel gebebt hat!“
„Wie bitte?“, Siri schaut den alten Mann an, als hätte der den Verstand verloren. „Woher wollen Sie das wissen?“
„Da sind übrigens noch mehr Tierkinder gekommen“, antwortet Herr Ananda stattdessen und deutet auf zwei Hasen, ein Elefantenkind und fünf junge Papageien.
Tissa und Siri sehen sich unschlüssig an. Ob Herr Ananda so eine Art Tierbändiger ist?

„Und was i-i-ist d-d-das da?“ Siri und Tissa schmiegen sich ängstlich aneinander und deuten auf die Blätter des Mangobaums, an dessen Stamm gelehnt der alte Herr Ananda sitzt. Die Tierkinder sind ebenfalls in Deckung gegangen und haben sich im Gebüsch versteckt. In der Krone des Mangobaumes ist plötzlich ein ungeheurer Glanz. Es blitzt und funkelt, als ob ein Edelsteinregen darauf niedergegangen wäre.

„Ihr braucht keine Angst zu haben“, Herr Ananda schaut nach oben. „Da sind Götterkinder zu Besuch gekommen. Wie soll ich es euch erklären …“

Vorsichtig streckt der kleine Elefant seinen Rüssel aus dem Gebüsch und schnuppert in Richtung Baum. Das sieht so witzig aus, dass Tissa lachen muss. Das Funkeln in den Blättern ist zur Ruhe gekommen und jetzt sieht es so aus, als würde die Sonne auf den Baum scheinen.

„Das ist ein sehr besonderer Augenblick“, sagt nun Herr Ananda in feierlichem Tonfall. „Menschen- und Tierkinder, und selbst Götterkinder sind gekommen! Kommt näher zu mir her, ich werde euch erzählen, wie es zu dem Erdbeben kam.“ Er macht eine einladende Handbewegung.

Das Tigermädchen kommt auf Samtpfoten aus dem Gebüsch hervor und legt sich in gebührendem Abstand zu Herrn Ananda und den Kindern ins Gras. Das Elefantenkind dagegen ist ziemlich zutraulich. Es kommt mit wackeligen Schritten auf den alten Mann zugelaufen und umschlingt mit dem Rüssel dessen Arm. Herr Ananda tätschelt seinen großen Kopf und sagt: „Schon gut, ist ja gut. Leg dich vor mich ins Gras. Mit einem Rüssel um den Arm kann ich schlecht erzählen!“ Der junge Elefant prustet ein bisschen und gehorcht. Tissas Herz klopft bis zum Hals, als sich der Elefant neben ihn auf den

Boden plumpsen lässt und ihn dann mit seinem Rüssel beschnuppert. Die Hasen setzen sich neben Siri, und die Papageien fliegen in die Äste des Baumes, in dem der Götterkinderglanz funkelt.

Der alte Mann schließt die Augen. Tissa beugt sich zu seiner Schwester hinüber und flüstert: „Der kleine Elefant ist sehr lieb, fühl mal, wie weich sein Rüssel ist!"
Noch bevor Siri den Rüssel betasten kann, beginnt Herr Ananda zu reden:
„Dieses Beben hat nicht nur unseren Himmel und unsere Erde erschüttert. Das ganze Weltall wurde davon erfasst. In den letzten achtzig Jahren hat es noch fünf weitere solcher Beben gegeben. Das erste, das dritte und dieses letzte waren aber am stärksten spürbar. Nicht nur auf der Erde hat man es gespürt, sondern auch in den Himmeln aller Götter und in all den Welten, die es in den unendlichen Weiten des Universums gibt. Von den ersten beiden Beben haben mir meine Eltern erzählt, damals war ich selber noch sehr klein."
Siri und Tissa sehen sich überrascht an. Der alte, runzelige Mann war selbst einmal ein Kind? Das können sie sich ganz und gar nicht vorstellen.
Und wie sich ihre Blicke treffen, da sehen sie, dass das Tigermädchen ein bisschen näher gerückt ist und aufmerksam die Ohren aufgestellt hat.

„Für all diese wunderbaren Ereignisse ist ein Einziger verantwortlich: der, den die Menschen den Buddha nennen. Die Erschütterung der Welt heute Nacht kam daher, weil unser großer Meister, der erhabene Buddha, gestorben ist. Vierzig

Jahre lang ist er durch Indien gezogen, viele tausend Schüler und Schülerinnen folgten ihm. Könige und Königinnen verehrten ihn, aber auch die Ärmsten der Armen. Die Tiere liebten ihn und die Götter neigten voller Ehrfurcht vor ihm ihre Häupter."
Wie Herr Ananda das mit den Göttern sagt, beginnen die Blätter plötzlich hell zu funkeln. Die Papageien fliegen erschrocken auf und lassen sich auf einem anderen Baum nieder. „Keine Angst, ihr Papageien, das sind nur die Götterkinder, die sich bemerkbar machen!", sagt Siri und kommt sich mächtig erwachsen dabei vor. Die Papageien krächzen verstört, fliegen dann aber auf die unteren Äste des Mangobaumes zurück, auf denen kein Glitzerglanz zu sehen ist.
„Nur weil einer, der berühmt ist, stirbt, deshalb bebt die Erde?" Tissa leuchtet das nicht ein.

„Der erhabene Buddha war kein gewöhnlicher Mensch. Er war in allem vollkommen. Vollendet, vortrefflich. Er war noch vollkommener als vollkommen", sagt Herr Ananda ernst und fährt fort: „Wie einer noch vollkommener als vollkommen sein soll, das ist schwer zu verstehen, ich weiß. Selbst ich verstehe es nicht ganz. Man kann es nämlich nicht durch Denken verstehen und man kann es eigentlich auch nicht durch Worte ausdrücken. Der Buddha ist anders als alles, was man denken kann."

Jetzt hat Herr Ananda den richtigen Ausdruck gefunden. Er sieht es den Gesichtern der Kinder an. Zufrieden setzt er seine Rede fort.

Ein ganz besonderes Kind

„Es ist ganz, ganz selten, dass es einen so vollendet Vollkommenen gibt. Deshalb bebt die Erde, wenn ein Buddha auf die Welt kommt, wie damals vor 80 Jahren. Es dröhnt wie ein Jubelruf durch alle Universen, wenn es ihm gelingt, die Grenzen dessen, was wir denken und uns vorstellen können, zu überwinden und darüber hinauszugehen. Und wenn einer stirbt, dem so etwas gelungen ist, dann wird das Weltall ebenfalls erschüttert. Versteht ihr das?“

Siri und Tissa nicken. Der kleine Elefant rollt seinen Rüssel auf, was sicher als Zustimmung gedeutet werden kann. Die Hasen knicken ihre langen Ohren ab. Das Tigermädchen schnurrt, und die Papageien geben leise Töne von sich. Der Glanz im Baum flackert auf.

Herr Ananda fasst das als Aufforderung auf weiterzuerzählen: „Doch lieber der Reihe nach. Das erste Mal bebten der Himmel und die Erde, als der, der ein vollkommener Buddha werden würde, beschloss auf der Erde geboren zu werden. So etwas geschieht nur alle Millionen Jahre einmal.“
„Was?“ Siri und Tissa schauen den alten Mann überrascht an. „So selten?“
Auch die Tierkinder sind beunruhigt. Denn das würde ja bedeuten, dass man ab jetzt ewig lange warten müsste, bis wieder ein Buddha auf die Welt kommt.

„So ist es!“, sagt Herr Ananda, der ihre Gedanken erraten hat, und Tränen treten ihm in die Augen.

„Beim ersten Beben jedenfalls geschah es, dass er seinen Weg in den Bauch einer Frau fand. Und obwohl er noch nicht geboren war, ereigneten sich wunderbare Dinge. Seine Mutter, die übrigens keine gewöhnliche Frau war … Sie war verheiratet mit einem König. Also war sie …

„… eine Königin!“, wirft Siri schnell ein.

Der alte Mann nickt.

„Ihr Name war Maya, sie war die Königin des Sakyerreiches, das viele Tagesreisen von hier entfernt ist. Während der Schwangerschaft hatte sie seltsame und ungewöhnliche Träume. Sie war glücklich wie noch niemals in ihrem ganzen Leben. Als das Kind zur Welt kam eilten Götter, Menschen und Tiere herbei, um dem Baby einen würdigen Empfang zu bereiten und es auf die edelsten und kostbarsten Tücher zu legen.“

Herr Ananda macht eine Pause. Diese nutzt Tissa, um eine Bemerkung zu machen:

„Bis jetzt kann ich alles noch mitdenken. So außergewöhnlich kann das nicht gewesen sein.“

Siri pufft ihren Bruder in die Seite. Diese Bemerkung war alles andere als höflich.

Herr Ananda benetzt seine Lippen mit der Zunge und spricht weiter:

„Das Baby machte sich los von den Händen, die es emporheben und tragen wollten, und stellte sich aufrecht hin. Eine einzigartige Kraft und Schönheit gingen von ihm aus. Die Götter ließen Himmelsblumen auf es herabregnen, und die Menschen brachten Kränze und Blumen und sprachen: ‚Du großer Held! Es gibt keinen, der dir gleich ist!‘ Das Neugeborene machte sieben Schritte und sagte: ‚Dies ist meine letzte Geburt. Für mich gibt es keine Wiedergeburten mehr.‘“

„Aber das geht doch nicht!“, meinen Siri und Tissa gleichzeitig. „Ein Baby kann nicht gehen!“
„Und sprechen auch nicht!“
„Und außerdem wissen wir schon längst, dass alle Menschen, die geboren werden, sterben und wiedergeboren werden. Es geht nicht, dass einer sagt, es ist seine letzte Wiedergeburt“, wendet Siri ein und ist stolz auf ihr Wissen.
Herr Ananda freut sich, dass die Kinder so gut mitdenken. Er antwortet:
„Ihr habt in allem Recht. Babies können nicht gehen und nicht sprechen. Außerdem gilt für alle, dass sie sterben und wiedergeboren werden.“
Er sieht in die erwartungsvollen Gesichter der Kinder. Dann sagt er:
„Aber so war es nicht für den Buddha.“
„Deshalb wurde das Weltall erschüttert und es regnete Blumen!“, folgern die Kinder.
Herr Ananda nickt freudig. Wunderbar, wie gut die Kinder alles verstehen.

Die smaragdgrüne Eidechse

„Dem Neugeborenen wurde der Name Siddhartha gegeben. Als Prinz wuchs er in den schönsten Palästen auf, die ihr euch vorstellen könnt. Siddhartha hatte Spielzeug in Hülle und Fülle. Als der junge Prinz alt genug war, brachten Lehrer ihm Schreiben und Rechnen bei. Er lernte auch Tanzen und Singen, Reiten und Bogenschießen. Bald wusste er alles, was ein Königssohn braucht, um später ein Reich zu regieren. Sein Vater und seine Mutter waren sehr stolz auf ihn, denn alles, was man ihm beibrachte, beherrschte er sofort. Nicht nur, dass er klug und geschickt war, er war auch ein außergewöhnlich wahrheitsliebendes Kind. Niemals würde er lügen oder einem anderen etwas wegnehmen, was ihm nicht gehörte. Wenn Tiere gequält wurden, eilte er herbei um ihnen zu helfen, er fügte keinem noch so kleinen Wesen Leid zu, selbst die Fliegen und Käfer versuchte er zu retten, wenn sie in Gefahr waren. Er ließ sich von niemandem zu etwas überreden, was er nicht wollte, und bevor er etwas tat, überlegte er, ob es auch richtig war. Jedes Kind im Palast wünschte sich ihn zum Freund, denn es war vollkommen klar, dass man sich auf Siddhartha hundertprozentig verlassen konnte.

Einmal, da war der Prinz ungefähr in eurem Alter, er war sieben oder acht, neun oder zehn Jahre alt, ließ sein Vater, der König, wie in jedem Jahr das Frühjahrsfest feiern. Man traf sich auf den Feldern, die zwischen den Parks der Paläste und

der Stadt lagen. In einer ausgedehnten Feier wurden die Götter gebeten, in der Natur alles gut und fruchtbar wachsen und gedeihen zu lassen. Der junge Prinz war bald müde geworden von den vielen Gesängen, den Tänzen und den langen Reden. Ohne dass seine Eltern und Verwandten es merkten, verließ er seinen Ehrenplatz im Kreis der königlichen Familie. Er lief ein ziemlich weites Stück, bis er den Singsang der Priester nicht mehr hören konnte. Schön war die Stelle, die er entdeckt hatte! Ein großer Rosenapfelbaum mit weit ausladenden Ästen stand mitten auf einer grünen Wiese. Die Sonne schickte warme Strahlen vom blauen Himmel und der Prinz begann zu schwitzen. ‚Ist das heiß hier!', dachte er und setzte sich in den Schatten. Weich war das Gras, auf dem er sich niederließ, es duftete wunderbar nach Blüten, und um ihn herum summte und brummte es wie überall zur Frühlingszeit.
Siddhartha war mit sich und der Welt zufrieden.
Plötzlich raschelte es neben ihm.
‚Du bist aber schön!', lobte der Prinz die smaragdgrüne Eidechse, die flink vom Baumstamm herunter ins Gras kletterte. Ihre vielen kleinen Schuppen fingen das Licht der Sonne auf eine eigenartige Weise ein, sodass von ihrem Körper ein geheimnisvolles Schimmern ausging. Mit einem Mal blieb sie stehen. Ihr kleiner Kamm, den sie am Kopf trug, richtete sich kerzengerade auf. Kaum, dass sie noch atmete. Wenn der Prinz sie nicht schon vorher gesehen hätte, wäre sie ihm jetzt zwischen den grünen Grashalmen sicher nicht aufgefallen.
Plötzlich ließ die Eidechse ihre Zunge hervorschnellen. Sie war sehr lang und sah aus wie ein Wurfseil. Als sie die Zunge wieder einzog, klebte daran eine Fliege, die ahnungslos vor-

bei geflogen war. Erschrocken betrachtete der Prinz die Eidechse, die jetzt unter dem dichten Gras verschwand. Sicher wollte sie ihre Mahlzeit in Ruhe hinunterschlucken und verdauen.
Siddhartha strengte sich an, der Eidechse mit den Augen zu folgen. Immer noch war er fasziniert von der Schönheit ihres schillernden Grüns, doch gleichzeitig hatte sie jetzt eine tote Fliege im Maul. Der junge Prinz brachte diese beiden Dinge nicht zusammen. Wie konnte eine so außergewöhnliche Schönheit den Tod bringen?
Jetzt war die Eidechse unter einem breiten Blatt versteckt. Siddhartha hatte sie aus den Augen verloren. Doch halt! Da war sie wieder!
‚Nein!', rief Siddhartha laut und sprang auf. Es war nicht die Eidechse, sondern eine große, braun und gelb gestreifte Schlange, die sich zwischen den Blättern bewegte. Aus ihrem weit aufgesperrten Maul schauten nur noch zwei grün schillernde Hinterbeine und ein langer Echsenschwanz heraus.
Schockiert lehnte sich der Prinz an den Baumstamm. Da hörte er den heiseren Schrei eines Raubvogels, der über dem Baum kreiste. Siddhartha ahnte, was das bedeutete. Die Eidechse war noch nicht ganz im Maul der Schlange verschwunden, da war diese selbst zur Beute geworden. Mit kräftigen Flügelschwingen trug sie der Falke in seinen Krallen davon."
Herr Ananda verstummt. Siri und Tissa sehen sich fragend an. Dass eine Eidechse eine Fliege fängt, ist nichts Ungewöhnliches, und eine Schlange, die Eidechsen frisst, auch nicht. Hoffentlich sind die Tierkinder nicht auf den Geschmack gekommen. Vor allem das Tigerkind könnte jetzt Appetit auf Hasenfleisch bekommen haben. Verstohlen schauen die

Geschwister in Richtung Tigermädchen. Das macht aber keine Anstalten, auf die Jagd zu gehen.

„Das haben wir auch schon gesehen, Herr Ananda“, wendet Tissa jetzt ein. Es fällt ihm wie immer schwer, seine Gedanken für sich zu behalten. „Größere Tiere fressen eben kleinere Tiere. Das ist doch ganz normal“, erklärt er und kommt sich ganz schön wichtig dabei vor.

„Glaubt ihr, dass das so in Ordnung ist?“, fragt Herr Ananda nach.

Siri und Tissa zögern. Schließlich sind auch Tiere hier, um Herrn Ananda zuzuhören. Siri lässt sich mit der Antwort Zeit. „Es ist zwar ungerecht, aber es ist nun mal so. Ich glaube nicht, dass man das ändern kann.“

„Hm“, Herr Ananda zögert, dann sagt er: „Prinz Siddhartha hat sich darüber Gedanken gemacht.“

„Und was ist dabei herausgekommen?“, fragt Tissa und schaut Herrn Ananda vorwitzig an.

„Herausgekommen ist dabei Folgendes“, antwortet dieser ernst: „Prinz Siddharthas Herz füllte sich mit großem Mitleid. Es wurde schwer von Trauer. ‚So gern würde ich euch helfen, damit ihr nicht mehr gefressen werdet!‘, wünschte er. ‚So gern würde ich verhindern, dass Tiere überhaupt Tiere fressen müssen! Ach, wenn es auf der Welt keine Angst und kein Leid mehr geben würde!‘

Tränen standen dem jungen Prinzen in den Augen und er schmiegte seine Wange an den Baumstamm. Schmerz, Mitleid und Trauer erfüllten ihn, doch sein Herz wurde dadurch seltsam weit. Und in dieser Weite hatte alles Platz: Die Tiere, die keine Ruhe fanden, weil sie Angst hatten vor dem Gefressenwerden, doch auch die, deren leere Bäuche vor Hunger weh taten. Der Schmerz, der Hunger, der Tod, die Hoffnung, das Sterben ... Das alles hatte gleichzeitig Platz in Siddharthas Herz, und es machte ihm keine Angst. Vielmehr verwandelte es sich zu etwas, das wie glückliche Trauer war und wie rückhaltloser Friede. Zugleich war sein Herz übervoll mit Liebe und dem Gefühl, mit allen verbunden zu sein.

‚Da ist er ja, der Ausreißer!', hörte man Siddharthas Vater rufen. Die königliche Familie hatte inzwischen das Verschwinden des Prinzen entdeckt. Sie waren sofort aufgebrochen ihn zu suchen.
‚Was tut er denn unter dem Baum? Ist er allein? Oder hat er jemanden zum Spielen gefunden?', fragte seine Tante und beschleunigte ihre Schritte.
Der König war überrascht stehen geblieben, als er sah, dass der Schatten des Baumes beschützend über Siddhartha lag. Aber er war sozusagen an der falschen Stelle. Alle anderen Schatten waren schon längst mit der Sonne weitergewandert, nur dieser eine nicht. Eigentlich hätte Siddhartha ungeschützt in der Hitze sitzen müssen. Jetzt bemerkten dies auch die anderen und blieben verwundert stehen.
Erschrocken sah der König seine Begleiter an. ‚Es – es – es ist also wahr', stotterte er.
‚Der alte Seher hat doch Recht gehabt.' Siddharthas Tante blickte gebannt auf den Jungen, der glücklich und gelöst unter dem Rosenapfelbaum saß.
‚Ich muss verhindern, dass er ein heiliger Mann wird', sprach der König entschlossen.
‚Es wurden deinem Sohn schließlich zwei Möglichkeiten prophezeit', erinnerte sich Siddharthas Tante an die Begebenheit,

die der König meinte. Kurz nach Siddharthas Geburt war nämlich Asita, ein damals schon sehr alter und weithin bekannter Seher, in den Palast gekommen. Er hatte dem Neugeborenen eine große Zukunft vorausgesagt. Entweder er wird ein heiliger Mann oder er wird ein König, der der ganzen Welt Frieden und Glück bringen wird, so lautete die Prophezeiung.

‚Ich werde alles tun, was in meiner Macht liegt, damit mein Sohn mein Nachfolger wird und ich stolz auf ihn sein kann!', sagte der König und verschränkte entschieden die Arme vor der Brust. ‚Sobald er mein Königreich erbt, soll das der Beginn seiner Friedensherrschaft sein!'

Licht und Schatten

Siddharthas Vater wollte unbedingt verhindern, dass aus seinem Sohn ein heiliger Mann würde. Er wählte die klügsten Lehrer aus, die ihn in allen Fächern unterrichteten, und als sein Sohn älter geworden war, nahm er ihn mit auf seinen Reisen durch das Königreich und machte ihn mit allen wichtigen Leuten bekannt. Durch sein freundliches Wesen und seinen klugen Verstand gewann der Prinz im Nu die Herzen der Menschen. Siddhartha würde ein gerechter, guter und friedliebender König werden, darin waren sich alle einig.
Sein Vater war sehr stolz auf ihn, denn von allen Seiten hörte er nur Angenehmes über seinen Sohn. Die Gefahr schien inzwischen gebannt, dass Siddhartha den Weg eines Heiligen einschlagen würde. Der Prinz hatte sich verliebt! Seine Auserwählte hieß Yasodhara. Sie war so klug wie er, schön wie ein Frühlingsmorgen und ausgesprochen unternehmungslustig. Die Feste, die der König und die Königin bei Hofe feiern ließen, langweilten die beiden bald. Da wurde zwar viel geredet, gescherzt, gelacht, getanzt, gegessen und getrunken – aber richtig interessant und spannend war das nicht.
Viel lieber zogen die beiden los nach Kapilavatthu, der nahe gelegenen Hauptstadt, und mischten sich verkleidet als ganz normale junge Leute unter das Volk. Sie kauften sich einfaches Essen von den fahrenden Händlern, die ihre Kochtöpfe an den belebten Straßenecken aufgestellt hatten. Besonders aufregend fanden sie es, durch die Armenviertel zu ziehen.

Dort war alles ganz anders als überall sonst in der Stadt. Es stank erbärmlich, Dreck, Abfall und Kot lagen überall auf der Straße. Niemanden kümmerte das. Die meisten Armen waren außerdem recht unansehnlich. Schon in jungen Jahren fielen ihnen die Zähne aus, sie waren dürr und knochig und rochen nicht gut. Yasodhara und Siddhartha bemühten sich nicht aufzufallen. Sie hatten sich sogar alte, abgetragene Kleider für ihre Besuche bei den Armen besorgt. Aber es war unmöglich, ihre blühende Schönheit, ihre Gesundheit und ihren aufrechten Gang zu verbergen.

Die beiden hatten sich bald angewöhnt, den Armen Geschenke mitzubringen. Abgelegte Kleidungsstücke, Reis und manchmal auch Geld. Doch nach jedem Besuch kehrten sie traurig in den Palast zurück. Nie reichten die Geschenke aus, um alle glücklich zu machen.

Mit der Zeit hatten sich Siddhartha und Yasodhara mit einer alten Frau angefreundet, die am Rand der Armensiedlung lebte. Als Erstes gingen sie immer zu ihr, brachten ihr Reis und Gemüse und manchmal andere Kleinigkeiten. Eine schöne Haarspange zum Beispiel, einen Kochtopf oder eine warme Decke für die Nacht. Amira hieß die alte Frau. Sie war ganz alleine auf der Welt; ihr Mann, die Kinder und Enkel waren gestorben, als eine schlimme Krankheit im Viertel gewütet hatte. Bei Amira zogen sich Siddhartha und Yasodhara um, um sich dann mehr oder weniger unerkannt unter die Leute mischen zu können.

Eines Tages stutzten die beiden schon von Weitem. Die Tür von Amiras Haus war verschlossen. Die Blumen vor ihrem Haus ließen welk die Köpfe hängen.

‚Da ist etwas passiert', meinte Siddhartha und wurde ganz blass.
Yasodhara nickte ernst. ‚Lass uns nachsehen!'
Gewaltsam sperrten sie die Tür auf. Ein schlechter, fauliger Geruch schlug ihnen entgegen.
‚Amira?', rief Siddhartha und hielt sich die Hand vor die Nase.
‚Wo bist du?' Yasodhara schaute beunruhigt umher.
Aus der hintersten Ecke des Raumes drang unterdrücktes Stöhnen.
Schnell öffnete Yasodhara die Fenster, damit der Gestank den Weg nach draußen finden konnte, und Siddhartha ging zu der dunklen Ecke, aus der das Stöhnen gekommen war.
‚Amira!', rief er und sah sie fassungslos an. ‚Amira!'
Der Anblick, der sich ihm bot, war schrecklich. Ein Balken hatte sich vom Dach gelöst und war auf Amira gefallen, wohl in der Nacht, als sie schlief. Der Holzbalken hatte eine tiefe Wunde in ihren Rücken geschlagen, aus der jetzt gelber, übel riechender Eiter drang.
‚Ihre Schmerzen müssen unerträglich sein', Siddharthas Stimme zitterte. Es kam ihm vor, als zerreiße ihm das Herz. Sein Gesicht war nass von Tränen.
‚Können wir ihr helfen?', fragte Yasodhara und strich sanft über die schweiß- und blutverklebten Haare der alten Frau.
Siddhartha warf einen Blick auf den Dachbalken, der sich in Amiras Rücken gebohrt hatte.
‚Dazu ist es zu spät.'
‚Dann wird sie sterben müssen', flüsterte Yasodhara und sah Siddhartha bestürzt an. Zum Glück hatten die beiden frisches Wasser dabei. Damit benetzte Siddhartha die Lippen der alten Frau. Trotz ihrer Schmerzen umspielte plötzlich ein feines

Lächeln Amiras Gesicht. Dann öffnete sie die Augen. Ihr Blick war voller Wärme. Er war voller ungesagter Worte, die mehr waren, als alle Sätze, die Siddhartha und Yasodhara in ihrem bisherigen Leben gehört hatten. Ihre Augen sprachen von Liebe und Mut und Dankbarkeit. Dann brach ihr Blick. Sie starb. Das feine Lächeln aber blieb auf ihrem Gesicht, auch als der Atem aus ihrem Körper gewichen war.
Siddhartha und Yasodhara weinten stumm. Sie fühlten die große Liebe, die sie für die alte Frau empfanden, denn sie hatte ihnen unendlich viel gegeben."

Ein Schluchzen lässt Herrn Ananda in seiner Erzählung inne halten. Siri laufen die Tränen gerade so das Gesicht herunter und sie hat dummerweise kein Taschentuch dabei.
„Das ist aber eine traurige Geschichte", meint Tissa und kämpft ebenfalls mit den Tränen. Herr Ananda nickt. „Ja, traurig ist diese Geschichte schon. Aber sie ist der Anfang von etwas, das viel Glück bringen wird."
„Geht die Geschichte gut aus?", fragt Siri.
„Beurteilt selbst, wenn ihr das Ende kennt ...", Herr Ananda strafft seinen Rücken, ordnet die Falten seines Gewandes und erzählt weiter:

Die Totenrede

„Der Tod Amiras beschäftigte Siddhartha und Yasodhara sehr. Hätten sie verhindern können, dass sie stirbt?
‚Siddhartha, ich weiß wirklich nicht, was wir hätten tun sollen', sagte Yasodhara jetzt schon bald zum hundertsten Mal und vergrub ihr Gesicht in den Händen. Der junge Prinz fühlte sich auf irgendeine Art für Amiras Tod verantwortlich.
‚Wir hätten sie jeden Tag besuchen sollen', antwortete er zerknirscht.
‚Selbst wenn wir sie zu uns in den Palast geholt hätten…', Yasodhara sah ihn eindringlich an. ‚Wir hätten nicht verhindern können, dass sie eines Tages stirbt. Sie hätte wahrscheinlich einen anderen Tod gehabt. Aber sterben müssen wir doch alle irgendwann!'
‚Aber warum ausgerechnet schon so früh? Warum jetzt? Wir waren doch gerade erst echte Freunde geworden! Ich will nicht, dass sie tot ist. Ich will, dass es gar keinen Tod gibt!', verzweifelt sah Siddhartha Yasodhara an.
Die schüttelte den Kopf. ‚Schau dich doch um. Der Tod ist überall. Tiere sterben, weil sie krank sind, weil sie alt sind, weil sie geschlachtet werden, weil andere Tiere sie fressen. Menschen sterben an Krankheiten, an Altersschwäche, bei Unfällen, oder auch im Krieg. Manchmal werden sie ermordet, weil sie Feinde haben.'
‚Aber warum ist das so?' Siddhartha wollte es einfach nicht hinnehmen.

‚Das haben wir doch alles schon von unseren Lehrern im Unterricht gehört. Weil in der Welt nichts vollkommen ist. Alle, alle, alle, auch wir beide, können krank werden. Wir können vielleicht alt werden, so alt wie dein Vater, und noch älter. Und dann sterben wir. Wir wissen nicht wann. Vielleicht sterben wir sogar, solange wir jung sind. Vielleicht heute oder morgen. Ich verstehe nicht, warum du dich dagegen sperrst.'
‚Ich finde es so grausam!', stieß Siddhartha hervor. ‚Ich finde es furchtbar grausam, dass es so ist.'
‚Vielleicht sprichst du einmal mit einem der Priester darüber', sagte Yasodhara sanft. Sie sah, wie Siddhartha sich quälte. ‚Oder mit einem von den Bettelmönchen. Die bewunderst du doch. Vielleicht hat einer von ihnen eine Antwort, die dir hilft.'

Siddhartha und Yasodhara veranlassten, dass Amiras Körper in einer würdigen Zeremonie verbrannt werden sollte. Der Prinz selbst wollte die Totenrede halten. Er befolgte den Rat Yasodharas und sprach mit einem der Bettelmönche. Lange redeten sie darüber, dass jeder sterben muss und es keinem gelingen konnte, dem Tod zu entkommen. Doch für Siddhartha waren auch durch dieses Gespräch seine Fragen nicht wirklich und zufriedenstellend beantwortet worden.

Als der Tag der Verbrennung gekommen war, strömte fast das ganze Armenviertel zu dem Scheiterhaufen, der am Fluss aufgeschichtet worden war. Es war noch nie vorgekommen, dass ein Prinz die Totenrede für eine der ihren gehalten hatte.
Als Siddharthas Vater davon erfuhr, stellte er seinen Sohn zur Rede: ‚Hast du denn überhaupt keinen Stolz, mein Sohn?', warf er ihm vor. ‚Wir Sakyer aus dem Gotamidengeschlecht

sind die tapfersten Krieger in ganz Indien. Es gehört nicht zu unseren Aufgaben, sich um die Toten zu kümmern! Das ist die Aufgabe der Priester und Brahmanen!‘
‚Vater, beruhige dich!‘, antwortete Siddhartha und bemühte sich, Fassung zu bewahren. ‚Da bin ich ganz anderer Ansicht als du.‘
‚Du wagst es, mir zu widersprechen?‘ Der König schäumte vor Wut.
‚Ich sehe es nur anders als du‘, antwortete Siddhartha. ‚Amira war unsere Freundin. Ich bin es ihr schuldig, die Totenrede für sie zu halten.‘
‚Ich sperre mich ja nicht dagegen, dass du dich mit einer Armen befreundest. Das zeigt, dass du ein großes Herz hast. Aber eine Totenrede zu halten, das geht zu weit!‘, schimpfte der Vater ungehalten.
Siddhartha aber blieb bei seinem Entschluss. Er wollte bei der Verbrennung von Amiras Leichnam die Zeremonie leiten.
‚Du bist doch sonst in allem so vernünftig. Du bist der Klügste im ganzen Königreich. Aber in diesem Fall scheinst du so dumm wie ein Esel zu sein!‘, aufgebracht sprang der König von seinem goldenen Stuhl auf und verließ den Raum.
Yasodhara hatte das Gespräch mitgehört.
‚Siddhartha‘, sagte sie und drückte ihm die weißen Trauerkleider in die Hand. ‚Dein Vater ist wie alle anderen. Immer soll alles so bleiben, wie es ist. Die Priester sind für dies zuständig, die Fürsten für das. Die Armen sind aus diesem Grund arm, die Könige aus dem Grund reich, und so weiter und so weiter. Ich kann es nicht mehr hören.‘
Nun war es Yasodhara, die wütend war. Siddhartha gab ihr Recht und zog schnell die Trauerkleider über.

‚Wir müssen uns beeilen. Sonst kommen wir zu spät zur Verbrennung!‘, sagte er und zog sie hinter sich her. Gemeinsam stürmten sie in den königlichen Pferdestall. Dort hatte Siddhartha schon seinen edlen Hengst Kanthaka satteln lassen. Niemand außer Siddhartha konnte ihn reiten. Jeden anderen warf das Pferd sofort ab. Siddhartha sprang in den Sattel und zog Yasodhara zu sich hoch. Kanthaka hatte inzwischen gelernt, dass sie zu seinem Herrn gehörte. Deshalb blieb er ruhig stehen, bis sie richtig saß. Dann sprengten sie in schnellem Galopp zur Verbrennungsstätte am Fluss.

Sie kamen gerade noch rechtzeitig. Schon lag Amiras Leichnam eingehüllt in weiße Tücher auf dem Scheiterhaufen. Das Holz hatte Siddhartha besorgen lassen.

Alle warteten auf den königlichen Prinzen.

Die meisten hatten nicht geglaubt, dass er kommen würde.

Als er auf dem edlen Ross nahte, fielen viele von ihnen auf die Knie. So majestätisch sah er aus! So edel war sein Gesicht, so schön sein Körper. Und seine zukünftige Gemahlin passte zu ihm wie die Strahlen zur Sonne! Die beiden sahen aus, als kämen sie geradewegs aus einem Märchen.

Der Prinz band Kanthaka in großem Abstand von der Menge an einem Baum fest. Gemessenen Schrittes ging er zusammen mit Yasodhara auf den Scheiterhaufen zu. Die in Lumpen gekleideten Armen machten ihnen ehrfurchtsvoll Platz.

Sie hatten sogar aus Kisten ein Podest vorbereitet, auf das sich der Prinz stellen konnte, um seine Ansprache zu halten. Ein Raunen ging durch die Menge, die um den Scheiterhaufen versammelt war.

Siddhartha stand jetzt auf den Holzkisten. Alle Augen waren auf ihn gerichtet.

‚Ihr armen Leute von Kapilavatthu! Ich will nicht viele Worte machen. Ich möchte mich nur von unserer lieben Freundin Amira verabschieden.‘
Die Leute starrten den Prinzen erschrocken an. Er hatte Amira tatsächlich ‚Freundin‘ genannt!
‚Amira hat mir und Yasodhara etwas ganz Wichtiges gezeigt und vor allem mir die Augen geöffnet. Alle, ob wir Könige oder Bettler sind, müssen eines Tages sterben. Kein Geld der Welt kann uns freikaufen davon, dass wir alt oder krank werden. Vor dem Tod sind Arme und Reiche einander gleich. Das habe ich von Amira gelernt und ich möchte es an euch weitergeben. Lasst uns immer daran denken, dass der Tod jeden von uns jederzeit treffen kann.‘
Siddhartha blickte schweigend auf die Menge. Hinter ihm ragte der Holzstoß auf, auf dem in weißen Tüchern Amiras Leichnam lag.

Als der Prinz vom Podest herunter stieg, war die Menge war noch ganz damit beschäftigt, seine Worte aufzunehmen. So hatten sie das noch nie betrachtet: Könige und Bettler mussten sterben. Der Tod machte keinen Unterschied zwischen ihnen.
Yasodhara reichte Siddhartha eine brennende Fackel, damit entzündete der Prinz den Scheiterhaufen.
‚Leb wohl, Amira‘, flüsterte er. Dann warf er die Fackel auf das trockene, hoch aufgeschichtete Holz. Sofort fing es Feuer, und die Flammen loderten wild empor. Siddharthas Hand tastete nach der Yasodharas. Schweigend sahen sie zu, wie das Feuer auch auf die Tücher übergriff, die den Leichnam verhüllten.
Schnell machte im Königreich die Runde, was Siddhartha, der

zukünftige König, bei der Verbrennung einer Verstorbenen aus dem Armenviertel der Hauptstadt gesagt hatte. Den meisten gefiel das ganz und gar nicht. Sich in die Aufgaben der Priester einmischen! Als Königssohn die Menschen an den Tod erinnern! Behaupten, dass Herrscher und Volk vor dem Tod gleich seien! Wohin sollte das führen? Wenn Siddhartha als König versuchen wollte, die althergebrachte Ordnung auf den Kopf zu stellen, dann würde er das Reich ins Verderben stürzen! Was sollte das Gerede, Arme und Reiche wären gleich? Das war doch der blanke Unsinn! Und die Könige und Prinzen waren etwas anderes als die Priester und Brahmanen. So bestimmte es die Ordnung, die vor uranfänglicher Zeit festgesetzt worden war.

Als Siddhartha wieder im königlichen Palast war, empfing ihn der oberste Diener des Königs: ‚Ihr sollt sofort zu Eurem Vater kommen, mein Prinz!', sagte er und verneigte sich. ‚Es duldet keinen Aufschub.'
Siddhartha zog nicht einmal die weißen Trauerkleider aus, sondern begab sich sofort in die Gemächer seines Vaters.
‚Wenn du so weitermachst', ereiferte sich der König, ‚dann werde ich dich nicht zu meinem Nachfolger ernennen!'
‚Ein König darf sich wohl auch Gedanken über den Tod machen!', verteidigte sich Siddhartha.
‚Gedanken darf er sich schon machen, aber diese nicht in aller Öffentlichkeit verkünden. Ein König herrscht, mein Sohn, er redet nicht über Gleichheit zwischen Armen und Reichen! Das ist doch vollkommen verrückt! Ein König regiert, das ist seine Aufgabe. Das Volk will einen starken, mutigen, tapferen Herrscher, nicht einen, der vom Sterben redet!',

schnaubte der König. ‚Wann geht das endlich in deinen Kopf? Zur Strafe für die Leichenrede verschob der König die Feierlichkeiten, bei denen Prinz Siddhartha Yasodhara zur Frau nehmen sollte, um mehrere Monate.“

„Ich finde es gut, dass der Prinz die Rede gehalten hat!“ Tissa kann jetzt einfach nicht mehr still sitzen. Er springt auf und stößt dabei den Elefanten unsanft an. Der protestiert laut schnaubend dagegen und erhebt sich ebenfalls.
„Ich finde es nicht gut, dass du hier störst!“, mischt sich Siri ein und wirft ihrem Bruder einen strafenden Blick zu. „Jetzt hast du den Elefanten verschreckt!“ Beleidigt wendet sich Tissa ab und setzt sich woanders hin.
„Ich finde, der König ist ganz schön streng“, meint nun Siri. „Er soll doch froh sein, dass sein Sohn sich eigene Gedanken macht!“
Der kleine Elefant schnaubt, das hört sich nach Zustimmung an. Und die Papageien geben krächzende Laute von sich. Bestimmt sind sie derselben Meinung. Siri fühlt sich ein bisschen als Wortführerin. Deshalb fragt sie weiter: „Haben sie denn die Hochzeit gefeiert, oder hat der König sie ganz verboten?“
Herr Ananda runzelt die Stirn. Dabei segelt ihm eine bunte Papageienfeder in den Schoß. Er nimmt sie vorsichtig zwischen die Finger und streicht nachdenklich die Farben nach. Dann erzählt er weiter:

Viele Gedanken, keine Lösungen

„Siddhartha und Yasodhara heirateten, als der Prinz 16 Jahre alt war. Es war ein rauschendes Hochzeitsfest, das über eine Woche dauerte. Von überall her waren Vertreter der Nachbarkönigreiche gekommen, um Glück zu wünschen und Geschenke zu bringen. Siddharthas Vater war hoch zufrieden. Denn alle hatten seinen Sohn mit ehrlicher Freude begrüßt und ihm zu seinem neuen Leben als Ehemann und zukünftigem König Glück gewünscht. Viele setzten große Hoffnungen in ihn, dass er dem Land dauerhaften Frieden bringen würde, wenn er erst die Herrschaft übernähme.

Seit Siddhartha ein verheirateter Mann war, schien er auch ernsthafter mit seiner Rolle als Sohn eines Königs umzugehen. Leichenreden und Ähnliches waren nicht mehr vorgekommen. Sein Vater hatte zudem beschlossen, seinen Sohn wie einen erwachsenen Mann zu behandeln. Er wollte ihm nichts mehr verbieten. Denn jedes Verbot hatte dieser bisher einfach missachtet. Der König wollte ihm das Palastleben so angenehm wie möglich machen, damit sich die Prophezeiung des Sehers Asita wirklich nur in die eine Richtung erfüllen möge: Siddhartha sollte ein Friedensfürst werden.

So oft sie konnten, ritten Siddhartha und Yasodhara mit Kanthaka aus. Sie galoppierten auf den sauber gefegten Wegen von den Pferdeställen auf die Parks zu, um dann im Dickicht des Dschungels zu verschwinden und eines ihrer Geheimverstecke aufzusuchen.

Eines Tages sagte Yasodhara, als sie sich am Ufer eines von weißen Lotosblüten übersäten Sees niederließen: ‚Irgendetwas stimmt nicht mit den Parks und den Palästen!'
Siddhartha sah sie fragend an: ‚Was soll damit sein? Sie sehen schön aus wie immer.'
Yasodhara schüttelte den Kopf. ‚Was siehst du, wenn du auf den See schaust?'
‚Strahlend weiße, weit geöffnete Lotusblüten, Lotusknospen, grüne Blätter', antwortete Siddhartha wahrheitsgemäß.
‚Und was ist zum Beispiel das?' Yasodhara nahm einen dürren langen Ast, der neben ihr lag, und zeigte damit auf eine Blüte, die bräunlich und gelblich in sich zusammengefallen war.
‚Eine welke Lotosblüte', antwortete der Prinz. ‚Ja - und?'
‚Hast du in letzter Zeit in den Parks welke Blätter, verblühte Blumen, dürres Gras, trockene Ästchen oder umgeknickte Stiele gesehen?'
Siddhartha dachte nach. ‚Nein! Keine! Da ist immer alles perfekt aufgeräumt, geputzt und gepflegt!'
‚Na, also, jetzt weißt du, was da nicht stimmt. Dein Vater will verhindern, dass du über Altern und Sterben nachdenkst. Er gaukelt dir vor, dass alles immer schön und perfekt bleibt.'
‚Du meinst ...?' Siddhartha dachte nach. ‚Du meinst, dass deshalb auch in den Palästen alles strahlend sauber ist? Kein Staub, keine Flusen, keine Flecken, kein Abfall? Du hast Recht! Sogar, wenn ich eine angebissene Mango auf dem Teller liegen lasse, wird sie sofort weggeräumt!' Jetzt fiel ihm ein Ereignis nach dem anderen ein. ‚Erinnerst du dich daran, als Coco, unser Papagei, krank war? Vater hat ihn sofort wegbringen lassen!'

‚Oder denk an Pulata, den alten Diener', erinnerte sich jetzt Yasodhara, ‚der keine Zähne mehr im Mund hatte und der uns das Essen nicht mehr servieren durfte, weil seine Hände zitterten …'
Siddhartha sah seine Frau bestürzt an. ‚Wo ist er eigentlich geblieben?'
‚Dein Vater hat ihn in die Stadt geschickt, er lebt jetzt im Haus eines seiner Verwandten', antwortete sie.
‚Aber warum?' Siddhartha begriff immer noch nicht ganz.
‚Damit du mit nichts mehr in Berührung kommst, das dich an Alter, Krankheit, Verfall und Tod erinnern könnte! Dein Vater will dich auf andere Gedanken bringen!'
‚Aber das ist das Einzige, worüber ich mir fast Tag und Nacht den Kopf zerbreche! Ich verstehe einfach nicht, warum wir sterben müssen. Warum Tiere und Menschen krank werden, warum? Zu welchem Zweck? Warum können nicht alle unsterblich sein, immer glücklich und ohne Schmerzen und Leid?'
Siddhartha liefen Tränen über das Gesicht und Yasodhara nahm ihn tröstend in ihre Arme.

Die Jahre vergingen und die beiden waren nun fast dreißig Jahre alt. Inzwischen hatte der Prinz sich darauf vorbereitet, die Herrschaft aus der Hand des Vaters zu übernehmen. Er wollte ein Friedensreich errichten und dafür sorgen, dass keiner seiner Untertanen Hunger und Durst leiden musste. Er hatte Pläne gemacht, wie er Krankheiten eindämmen, Verbrechen verhindern und Wohlstand fördern könnte. Das Königreich sollte schöne Dinge im Überfluss haben, und alle sollten Zugang dazu bekommen.

Yasodhara und Siddhartha waren zudem von großer Freude erfüllt, denn bald sollte ihr erstes Kind zur Welt kommen. Es war seltsam, dass Siddhartha gerade jetzt immer mehr Zweifel quälten.

‚Yasodhara', sagte er, ‚und nahm sie zärtlich in den Arm. ‚Ich verstehe mich in letzter Zeit selbst nicht mehr.'

‚Ich habe gemerkt, dass du grübelst', antwortete sie. ‚Was beschäftigt dich? Die Geburt unseres Kindes? Dass wir bald Eltern werden?'

‚Auf unser Kind freue ich mich sehr', antwortete Siddhartha. ‚Das ist es nicht. Ich freue mich, glaube ich, sogar zu sehr darauf.' Er küsste Yasodhara auf ihren schönen roten Mund. ‚Etwas anderes nagt in mir.'

Yasodhara blickte in Siddharthas sorgenvolles Gesicht. ‚Woran zweifelst du?'

‚Nahezu an allem. Vor allem, ob ich mein Leben richtig führe', gab er zur Antwort, verschränkte seine Arme vor der Brust und sah plötzlich sehr ernst aus. ‚Ich bin mir nicht mehr sicher, ob ich auf dem richtigen Weg bin. Ich zweifle auch daran, ob eine gerechte Herrschaft wirklich auf Dauer Frieden bringen kann. Ehrlich gesagt, bin ich überzeugt, dass es nicht gelingen wird.'

Yasodhara sah ihn erschrocken an. ‚Warum sollte dies nicht gelingen?'

‚Wir können doch den Menschen nicht befehlen, glücklich zu sein. Wir können ihnen nicht verordnen, keinen Hass zu haben. Wir können nicht per Gesetz bestimmen, dass sie aufhören sollen neidisch zu sein, eifersüchtig oder nachtragend. Vor allem können wir ihnen nicht verbieten zu sterben.' Unglücklich sah er sie an.

‚Wie meinst du das?', fragte Yasodhara weiter und ihr Magen krampfte sich zusammen, als ob darin ein kalter Stein läge.
‚Selbst wenn es uns gelänge, mit allen anderen Königreichen Frieden zu schließen, selbst wenn es keinen Krieg geben würde. Yasodhara, ich bin mir sicher, das könnte den Krieg, der in den Herzen der Menschen stattfindet, nicht beseitigen.'
Der Stein in Yasodharas Magen wurde kälter und schwerer. Sie schluckte. Angst stieg plötzlich in ihr auf.
‚Aber unser Kind!', flüsterte sie und sah ihn flehend an. Dann schmiegte sie sich an ihn und barg ihr Gesicht an seiner Brust.
‚Ich weiß, unser Kind', antwortete Siddhartha traurig und umarmte Yasodhara lange. Er wusste einfach nicht, was er tun sollte. Zum einen liebte er seine Frau so sehr, wie er noch nie einen Menschen geliebt hatte. Außerdem würde er bald Vater werden. Doch zum anderen ... Er spürte, dass er auf dem falschen Weg war. Irgendetwas fühlte sich nicht richtig an."

In einer sommerwarmen Nacht

Plötzlich knacken Äste im Mangowäldchen. Herr Ananda verstummt. Die Kinder drehen sich in die Richtung, aus der das Geräusch kommt.

„Sannadi", ruft Herr Ananda überrascht, „dass du mich hier gefunden hast ..."

Eine junge Frau mit langen schwarzen Haaren kommt auf sie zu. Als sie das Tigermädchen und den kleinen Elefanten erblickt, bleibt sie verunsichert stehen.

„Du brauchst keine Angst zu haben, meine jungen Zuhörer sind ganz friedlich", beruhigt sie der alte Mann.

„Störe ich?", fragt Sannadi und betrachtet verwundert die seltsame Versammlung. Ihr Blick bleibt an dem Baum hängen, in dessen Blättern es schimmert und glitzert, als ob kleine Diamanten darin verborgen wären.

„Nicht unbedingt ...", antwortet Herr Ananda.

Zögernd tritt die junge Frau ein paar Schritte näher.

„Ich weiß zwar nicht, was hier stattfindet", sagt sie und lässt ihren Blick ungläubig schweifen, „aber Anuruddha und Upali lassen überall nach dir suchen. Sie wollen wissen, wie sie, wie sie, äh ..." Sie zögert, weil sie nicht weiß, wie sie das, was sie sagen will, im Beisein von Kindern ausdrücken soll.

„Ja, ich weiß, was sie von mir wollen." Auf Herrn Anandas Gesicht machen sich Sorgenfalten breit.

„Es ist ein ziemliches Durcheinander", antwortet die junge Frau. „Von überallher strömen die Menschen zusammen. Sie

haben erfahren, was passiert ist."
Der alte Mann nickt ernst. „Ich kann mir vorstellen, dass sich jetzt alle verabschieden wollen. Aber, Sannadi, ehrlich gesagt ... Ich glaube nicht, dass wir uns darum kümmern müssen. Das können die Leute von Kusinara tun, die sollen die Verbrennungsfeier vorbereiten", antwortet er in sachlichem Ton.
Die junge Frau sieht ihn verstört an. „Sie brauchen dich jetzt, sie schaffen es nicht allein. Sie haben einiges mit dir zu besprechen. Du sollst so schnell wie möglich kommen."
„Natürlich komme ich. Denen, die sich um die Leichenfeier kümmern, kannst du schon einmal sagen, sie sollen so verfahren wie beim Tod eines Weltenherrschers."
Die junge Frau schaut Herrn Ananda fragend an. „Und was muss man beim Tod eines Weltenherrschers tun?"
„Sie sollen gezupfte Baumwolle besorgen, einen großen Sarg und unbenutzte Leinengewänder. Außerdem sollen sie wohlriechende Hölzer und Kräuter beschaffen. Aber das wissen sie sicher selbst alles am besten. Hole mich bald mit einem Wagen ab. Ich bin heute schon zuviel gelaufen. Meine Beine sind zu schwach, um den ganzen Weg noch einmal zurück zu gehen."
Ehrerbietig verbeugt sich die junge Frau. „Ich werde tun, was du sagst."
Mit diesen Worten dreht sie sich um und verschwindet im Mangohain.
„Wer war das?", will Tissa wissen.
„Wohin sollen Sie kommen? Zu welcher Besprechung?", fragt Siri ebenso neugierig wie ihr Bruder.
„Welche Verbrennung? Sind Sie jemand aus dem Stadthaus

von Kusinara?“ Tissa schaut den alten Mann mit großen Augen an.

Herr Ananda nickt zögerlich. „Ja, Kinder, ich bin genau der Richtige, um eure Fragen zu beantworten. Ich war fast vierzig Jahre lang der Diener des Buddha und ganz früh am Morgen war ich im Stadthaus, wo auch eure Eltern waren. Ich war da, um ihnen den Grund des Erdbebens mitzuteilen.“

Siri und Tissa sehen ihn mit großen Augen an. Vor lauter Erstaunen sagen sie aber erst einmal nichts.

„Ähm“, Herr Ananda räuspert sich und nestelt an seinem Gewand. „Wollt ihr nicht wissen, wie die Geschichte weitergeht?“

Damit lenkt Herr Ananda die Aufmerksamkeit seiner Zuhörer wieder zurück auf den Prinzen. Die Papageien haben sich schon seinen Namen gemerkt und krächzen heiser: „Si-ddh-ar-tha! Si-ddh-ar-tha!“

Tissa hat sich von seiner Überraschung erholt und antwortet begeistert: „Ja, klar wollen wir wissen, wie es weitergeht!“

Siri fragt: „Was macht der Prinz mit seinen Zweifeln?“, und legt jetzt sogar ihre Hand auf das Tigermädchen, um es zu streicheln.

Herr Ananda lächelt. Er ist froh, dass er weitererzählen kann: „Es war mitten in der Nacht, als der Prinz aufwachte. Das Fest zu Ehren der Geburt seines Sohnes wurde gefeiert - sieben Tage lang. Wie es der Tradition entsprach, sollte Siddhartha danach zum König ernannt werden. Yasodhara und er hatten dem Jungen den Namen Rahula gegeben, was ‚kleiner Riese‘ heißt. Gelacht hatten die glücklichen Eltern, als beiden gleichzeitig dieser Name eingefallen war. Denn Rahula war wie alle Neugeborenen noch sehr klein. Von einem Riesen konnte keine Rede sein.

Warm strich der Nachtwind durch die Fenster herein. Siddhartha erhob sich. Es war eine besondere Nacht, das spürte er. Leise ging er durch die Säle, in denen das Geburtsfest gefeiert worden war. Die Musiker und Musikerinnen hatten sich aus Kissen ein Schlaflager gerichtet. Eine redete im Schlaf, ihr Kostüm war verrutscht. Die sorgsam aufgesteckten Frisuren der Sängerinnen waren aufgelöst, und das Haar lag zerzaust um die Köpfe. Manche schmatzten im Schlaf. Aus einer Richtung drang lautes Schnarchen. Das kam von den Akrobaten, die dem Reiswein gut zugesprochen hatten.

Siddhartha spürte, dass dies die Nacht der Entscheidung war und die schwerste Stunde seines bisherigen Lebens heranbrach. Die Tänzerinnen, deren verführerische Bewegungen er bewundert hatte, schliefen auf dem Boden. Die Schminke war zerlaufen und färbte ihre Gesichter zu unschönen Masken.

Da war sie wieder, die Gewissheit, die in Siddhartha die letzten Jahre immer wieder aufgeblitzt war. Jetzt stand sie vor ihm. Er konnte nicht mehr an ihr vorbei, diesmal konnte er sie nicht mehr übergehen. Die Gewissheit, dass dieses glückliche Palastleben nur ein schöner Schein war. Dass hinter den Tänzen, der Musik und dem Lachen nur der Verfall lauerte. Dass die Schönheit der Jugend vergehen würde, um dem hässlichen Alter Platz zu machen, und dass am Ende nur der Tod wartete. Diese Gewissheit war es, die ihn an das erinnerte, was er als Kind unter dem Rosenapfelbaum erlebt hatte. Es gab überall nur Schmerz. Fressen und Gefressenwerden. So lange das nicht aufhörte, konnte es keinen wirklichen, keinen echten, keinen wahren Frieden geben. Leben für Leben würde entstehen, aufblühen, verwelken und neuem Leben Platz machen, ohne dass sich etwas änderte.

Auf Zehenspitzen machte sich Siddhartha auf zu Yasodharas Schlafgemach. Er wollte sie wecken, mit ihr sprechen, ihr mitteilen, was ihm schier das Herz zerriss.
Schon lehnte seine Hand an der Tür, hinter der seine Frau und sein Sohn schliefen. Er lauschte. Er hörte die tiefen und gleichmäßigen Atemzüge Yasodharas und die schnelleren, leichten Rahulas.
Siddhartha hielt inne. So sehr sein Herz auch angefüllt war mit dem Schmerz, der Angst und Sorge, die er überall sah und fühlte, so übervoll mit Liebe, Zärtlichkeit und Dankbarkeit war es aber auch Yasodhara und Rahula gegenüber. So stark hatte er noch nie gespürt, wie viel sie ihm bedeuteten. Er war Ehemann und Vater. Vielleicht würden noch mehr Kinder folgen ... Bald würde er König sein. Sie würden alles daran setzen, um das Friedensreich, von dem sie beide träumten, Wirklichkeit werden zu lassen. Er hätte schreien mögen vor Schmerz, so zerrissen fühlte er sich.
Siddhartha wusste, dass er in dieser Nacht gehen musste. Tief in seinem Inneren hatte er es schon lange entschieden, aber immer wieder weggedrängt. Wenn er wirklich den Weg finden wollte, der aus all dem Unglück, dem Tod und dem Leiden, das es auf der Welt gab, führen sollte, dann durfte er nicht bleiben. Er wusste, dass sein Vater abgrundtief von ihm enttäuscht sein würde. Auch das Volk hatte große Hoffnungen in ihn gesetzt. Vor allem die Armen fieberten seiner Krönung entgegen. Sie vertrauten ihm; sie waren sicher, dass er sich um sie und ihre Nöte kümmern würde.
‚Ich kann nicht!', presste Siddhartha hervor und schlug die Hände vors Gesicht. ‚Ich kann einfach nicht!' Er lehnte seinen Kopf an die Wand und weinte.

Da wehte plötzlich ein frischer Nachtwind durch die Fenster herein. Er verfing sich in den Saiten der Musikinstrumente, die die Musiker achtlos am Boden hatten liegen lassen. Eine leise Melodie erklang.
Ein schönes Lied wäre es gewiss, das sein Leben spielen würde. Bestimmt würden viele Menschen durch ihn glücklich werden. Doch Siddhartha wusste auch, dass dieses Lied niemals den Tod besiegen würde.
Das Saitenspiel verstummte. Siddhartha löste sich von der Tür, die zu Yasodharas Zimmer führte. Er machte sich auf in den Stall zu Kanthaka, seinem herrlichen lilienweißen Ross. Channa, der königliche Wagenlenker und Pferdeknecht, hatte es schon gesattelt.
‚Mein Prinz!', ehrfürchtig neigte er das Haupt. ‚Ich wusste, dass Ihr heute Nacht kommen würdet.'
Ohne ein Wort zu sagen schwang sich Siddhartha auf den Rücken des edlen Pferdes. Er zog Channa zu sich hoch und trieb Kanthaka zum Galopp an.
‚Wohin reiten wir?', fragte Channa ängstlich.
‚Es wird die weiteste Reise, die ich je unternommen habe', antwortete Siddhartha. ‚Mein Weg wird mich an einen Ort führen, an den ich als König niemals gelangen kann. Ich werde den Weg finden, der über den Tod hinausführt.'

Es war eine außergewöhnliche Nacht. Wie blitzende Diamanten funkelten die Sterne am Himmel. Ein leiser Wind wehte ihnen die Düfte der Nacht entgegen. Selbst der Boden, auf den Kanthaka seine Hufe setzte, schien sich bewusst zu sein, dass er den Prinzen und sein Ross auf einer besonderen Reise trug. Dank des weit greifenden, kraftvollen Galopps von Kanthaka durchquerten sie in dieser Nacht drei Königreiche. Schließlich gelangten sie am nächsten Morgen an einen Fluss. Hier zügelte Siddhartha den Hengst. Er und Channa stiegen von seinem Rücken und der Prinz klopfte seinem Lieblingspferd zärtlich den Hals.

'Vielen Dank, edler Kanthaka', sagte er. Das Tier neigte freudig den Kopf und rieb die samtweichen Nüstern an der Brust seines Herrn. ‚Ohne dich hätte ich es niemals geschafft!' Siddhartha kraulte ihm zärtlich die Mähne zwischen den Ohren. ‚Doch jetzt müssen sich unsere Wege trennen.'

Erschrocken hob Kanthaka das Haupt und schnaubte verstört. Auch Channa war der Schreck in die Glieder gefahren.

‚Ich muss allein weiter', sagte Siddhartha mit fester Stimme.

‚Aber', wagte Channa einzuwenden, ‚wir könnten doch auch zusammen …'

‚Nein, lieber Freund', unterbrach ihn Siddhartha sanft.

Der Prinz schenkte dem Diener seine kostbaren Gewänder und legte sich dessen Kleider an. Ein letztes Mal strich er Kanthaka liebevoll über das Fell. Dann wandte er sich um und ging, ohne sich noch einmal umzuwenden, hinein in den dichten Wald, der vor ihm lag.

Kanthaka konnte den Schmerz der Trennung nicht ertragen. Als klar war, dass der Prinz wirklich von ihnen gegangen war und nicht zurückkommen würde, brach das Pferd tot zusammen. Traurig und schweren Herzens machte sich Channa auf den Weg nach Hause, in das Reich seines Prinzen, der nie sein König werden würde."

Ein deutlich hörbares Schnaufen geht durch die Zuhörer. Alle haben den Atem angehalten, als der Prinz sich von seinem Lieblingspferd und von Channa verabschiedet hat.

„Aber er kann doch nicht einfach so weggehen!", ruft Tissa empört.
„Wenn er einen Weg finden will, der über den Tod hinausgeht, dann kann er doch nicht zulassen, dass Kanthaka vor Trauer stirbt." Siri putzt sich die Nase.
Das Tigermädchen faucht, es scheint derselben Meinung zu sein. Ebenso die Papageien, die sich kreischend auf den Rücken des kleinen Elefanten gesetzt haben, der wiederum aufgeregt die Ohren abstellt und protestierende Laute von sich gibt. Die Hasen sind vor Herrn Ananda gehoppelt und haben ihre großen Ohren bedrohlich steil in die Luft gestellt. Selbst die Götterkinder scheinen den Prinzen nicht zu verstehen, denn in der Baumkrone verfärbt es sich dunkel.
„Und Rahula? Der ist doch noch ein Baby!" Tissa fuchtelt mit den Händen herum.
„Und Yasodhara!", meint Siri voller Mitgefühl. „Mit ihr hatte er doch alles geplant. Sie wollten doch zusammen das Friedensreich errichten. Und nun lässt er die Familie einfach so zurück. Ich finde das herzlos!"
„Ich verstehe, Kinder, dass euch nicht gefällt, was Siddhartha getan hat. Aber glaubt mir, für ihn war dieser Schritt der schwerste seines Lebens, ihm brach fast das Herz. Er tat es, weil er ein sehr großes Ziel vor Augen hatte. Dafür musste er sogar seine über alles geliebte Familie und sein Lieblingspferd verlassen. Wenn ihr erst wisst, wie die Geschichte weitergeht, werdet ihr Siddhartha vielleicht verstehen können."
Tissa rümpft die Nase: „Das glaube ich kaum!", meint er vorwurfsvoll.
„Wie geht es denn jetzt weiter mit Siddhartha?", fragt Siri und legt beruhigend den Arm um ihren Bruder.

Aufbruch

„Entschlossen durchstreifte Siddhartha ein ihm unbekanntes Königreich. Immer wieder musste er seine Gedanken zurückrufen, die ganz von alleine nach Hause zu Yasodhara und Rahula wanderten. ‚Nach vorne!', ermahnte er sich dann jedes Mal. ‚Ich darf nicht an der Vergangenheit hängen bleiben! Ich muss mir um Yasodhara und Rahula keine Sorgen machen. Sie sind im Palast sehr gut versorgt. Eines Tages, wenn ich den Weg gefunden habe, der aus dem Tod herausführt, komme ich zurück mit der Lösung für alle Fragen', das versprach er sich, Yasodhara und dem kleinen Rahula in Gedanken.
Zum Zeichen dafür, dass sich sein Leben von Grund auf verändert hatte, schnitt sich Siddhartha sein langes, seidenes Haar ab. Barfuß lief er staubige Straßen entlang und führte das Leben eines Bettelmönches. Einmal am Tag ging er mit seiner Essensschale von Haus zu Haus und bat um ein bisschen Reis oder Gemüse. Nachts schlief er unter Bäumen oder in verlassenen Tierställen. Bald war seine helle Haut von Sonne, Wind und Regen gegerbt.
Nach ein paar Wochen sah man dem Prinzen seine königliche Herkunft kaum noch an. Am aufrechten Gang vielleicht, an dem klaren und mutigen Blick seiner Augen, an seiner Unerschrockenheit hätte man es womöglich noch erkennen können. Irgendwie war er anders als die, die sein Schicksal teilten und als Wandermönche auf der Straße unterwegs waren.

Eines Tages hörte Siddhartha, dass sich ein berühmter Lehrer, Alara Kalama mit Namen, in der Gegend aufhielt. Die Gelegenheit, einen solchen Meister kennen zu lernen, war ausgesprochen selten und kostbar. Nach einigen Tagen anstrengenden Fußmarsches durch eine unwegsame Landschaft stieß Siddhartha auf den berühmten Mann. Obwohl sein Gewand vor Schmutz starrte und seine Füße und Beine von der Wanderung ganz verdreckt waren, ließen ihn die Diener Alaras vor. Sie waren beeindruckt von der ungewöhnlichen Ausstrahlung des Bettelmönches. Dessen Augen waren von einem fast überirdischen Glanz erfüllt, und als er sprach, klang seine Stimme so wundervoll, dass sie ihm seine Bitte nicht abschlagen konnten.
Ehrfürchtig verneigte sich Siddhartha vor dem großen Lehrer. ‚Es tut mir Leid, dass ich so schmutzig vor Euch stehe', entschuldigte er sich als Erstes.
‚Ich sehe eine andere Schönheit in dir blühen', erwiderte Alara, ‚diese Schönheit gefällt mir mehr als ein sauberes Gewand und ein gebadeter Körper. Was führt dich zu mir?'
‚Es ist mein größter Wunsch zu lernen, wie man inneren Frieden finden und den Tod überwinden kann', antwortete Siddhartha.
‚Dieser Wunsch erfreut mich. Ich spüre, dass du es ehrlich meinst.' Alara sah den Fremden zufrieden an. Dieser Bettelmönch gefiel ihm.
‚Wenn du den Tod überwinden willst, brauchst du einen Gefährten', erklärte Alara. ‚Es ist der Atem, den du dir zum Freund machen musst. Folge dem Atem und bleibe bei ihm. Lass dich nicht von Gedanken und Gefühlen, von Erinnerungen an die Vergangenheit und von Plänen für die Zukunft

ablenken. Bleibe immer beim Atem. Versenke dich in ihn, erforsche ihn. Das ist es, was wir Meditation nennen. Wir verweilen bei den Atemzügen und vertiefen nach und nach unsere Konzentration. Wenn dir das gelungen ist, werde ich dir zeigen, wie du mit dem Atem zu tiefem Frieden vordringen kannst.'
‚Vielen Dank, Herr', antwortete Siddhartha beglückt und verabschiedete sich höflich. Noch am selben Tag suchte er sich einen einsamen Platz und begann zu üben.

Es dauerte nicht lange, und Siddhartha konnte ohne Ablenkung bei seinem Atem bleiben. Er berichtete Alara Kalama von seinen Fortschritten. Beeindruckt von den großen Fähigkeiten des jungen Mannes gab er ihm weitere Anweisungen zur Vertiefung der Konzentration. Er wies ihm den Weg, wie man die Stufen der Versenkung beschreiten konnte, bis man unerschütterlich in innerem Frieden ruhte.
Nach einigen Wochen hatte Siddhartha auch diese Übung gemeistert.
Wieder bat er den berühmten Alara Kalama um weiter führende Unterweisung. Erstaunt schaute dieser den Bettelmönch an:
‚Ich habe keine weiteren Unterweisungen für dich. Du hast gemeistert, was ich gemeistert habe. Einen tieferen Frieden kenne ich nicht. Du hast das höchste Ziel erreicht und bist mir an Können und Wissen gleich.'
Da Siddhartha nicht antwortete, fuhr er fort: ‚Lass uns gemeinsam diese Lehre verkünden. Du kannst nach meinem Tod mein Nachfolger sein', bot er ihm an.
Durch das, was Alara Siddhartha beigebracht hatte, erreichte

er zwar eine unglaublich tiefe Stufe von Frieden und Ruhe, doch wenn er die Meditation beendet hatte, war er immer noch derselbe. Unglück, Leid und Tod konnten mit dieser Art der Versenkung nicht überwunden werden. Deshalb antwortete Siddhartha: ‚Habt vielen Dank, Alara Kalama! Doch ich bin noch nicht am Ende meiner Reise angekommen. Ich muss weiterziehen, um den Weg zu finden, der zu wirklicher Befreiung führt.' Mit diesen Worten verließ er den berühmten Lehrer, der ihm fassungslos nachsah. Dass Siddhartha dieses Angebot abgelehnt hatte, worüber jeder andere überglücklich gewesen wäre, konnte er nicht verstehen."

Erschrocken fahren alle herum, denn im Mangohain wird es plötzlich laut. Die junge schwarzhaarige Frau taucht wieder auf, diesmal zusammen mit zwei Männern, die eine bunt bemalte Sänfte tragen. Im Laufschritt eilen sie den schmalen Waldweg entlang.

‚Hier – bin – ich – wieder', stößt Sannadi atemlos hervor, als sie den Mangobaum erreicht hat.

Die Kinder betrachten neugierig die Sänfte, auf die leuchtend bunte Blüten mit goldenen Stängeln gemalt sind.

Mühsam erhebt sich Herr Ananda. „Kinder, ihr seht es selbst: Ich kann nicht länger bleiben …"

„Aber die Geschichte!" Tissa springt auf. Er fasst einen Zipfel vom Gewand des alten Mannes und zieht daran. „Wir sind doch noch nicht fertig!"

Siri ist nun auch auf den Beinen. „Jetzt, wo es richtig spannend ist, können Sie doch nicht einfach weggehen! Wir müssen unbedingt erfahren, ob es richtig war, dass der Prinz seine Heimat und seine Familie verlassen hat!" Wütend funkelt sie

Sannadi an. Auch das Elefantenkind stellt empört seine Ohren ab, die Hasen sind aufgesprungen und das Tigermädchen ebenfalls. Die Papageien spreizen aufgebracht ihre Flügel und schlagen heftig damit.
„Hm", Herr Ananda denkt nach.
„Wie wäre es, wenn ihr mich morgen wieder besucht? Ich muss jetzt dringend zu einer Versammlung. Ihr findet mich im Haus von Frau Ganga, das ist gar nicht weit vom Stadthaus entfernt. Kennt ihr den großen Feigenbaum dort?"
Siri und Tissa nicken.
„Dort ist das Haus. Es ist rot und blau angestrichen, ihr könnt es nicht verfehlen. Besucht mich morgen früh. Ähm ...", nachdenklich ruht Herrn Anandas Blick auf dem Tigermädchen, den Hasen, den Papageien und dem jungen Elefanten und dem Glanz in den Baumkronen.
„Vielleicht könntet ihr das Tigermädchen in einem Korb mitnehmen und den jungen Elefanten an einer Leine führen?"
„Gute Idee!", jubeln Siri und Tissa. Das würde morgen ja ein ganz besonderer Tag werden.
„Die Papageien können von alleine fliegen und die Hasen ..."
Auf Herrn Anandas Stirn erscheinen noch mehr Falten.
„Die Hasen bringen wir in unseren Rucksäcken mit!", schlägt Siri vor.
„Vortrefflich!" Herr Ananda ist zufrieden.
„Und die im Baum?" Siri deutet zu den Mangoblättern.
„Die schaffen das schon alleine. Götterkinder finden jeden Weg!" Auf wackeligen Beinen lässt sich Herr Ananda von Sannadi zur Sänfte führen.
Es dauert nicht lange, und die Träger sind mit der Sänfte im dichten Grün des Mangowäldchens verschwunden. Sannadi

läuft eiligen Schritts voraus. Nur am Knacken der Äste kann man hören, dass sie noch in der Nähe sind.
Zufrieden sehen sich die Geschwister an. Sie freuen sich riesig darauf, morgen zum Haus von Frau Ganga zu gehen. Wer das wohl ist? Wie es da aussieht? Das wird ein richtiges Abenteuer! „Und was sagen wir den Eltern?“, fragt Tissa plötzlich. „Uns fällt schon etwas ein“, beruhigt ihn seine Schwester. „Kommt mit uns“, fordert sie jetzt die Tierkinder auf, „ihr müsst doch wissen, wo wir wohnen, damit ihr morgen früh zu uns findet!“
Als sie in die Krone des Mangobaumes blickt, sieht sie, dass der Glanz auf den Blättern verschwunden ist.

Eine traurige und eine gute Nachricht

Siri und Tissa sind schon eine Weile zu Hause, als die Eltern kommen.

„Wo wart ihr denn? Warum habt ihr uns schon wieder allein gelassen?“, fragen die Kinder gleichzeitig. Sie sind in bester Stimmung. Zwei Rucksäcke haben sie schön weich mit Tüchern ausgepolstert, die sind für die Hasen. Eine Leine für den Elefanten haben sie auch aufgetrieben, und der Korb für das Tigermädchen steht gut versteckt unter Siris Bett.

Erschrocken bremsen Siri und Tissa ihre überschwänglich gute Laune. Die Eltern sehen müde und traurig aus. Kaum bringen sie ein Lächeln zustande.

„Wollt ihr etwas zu trinken?“, fragt Siri besorgt.

Die Eltern nicken.

Tissa holt Gläser und Siri schenkt frisches Wasser ein.

„Wo wart ihr denn?“, fragt Siri noch einmal, diesmal behutsamer.

„Im Stadthaus“, antwortet ihr Vater. Seine Stimme klingt belegt. Siri und Tissa wechseln einen verschwörerischen Blick.

„Und was habt ihr da gemacht?“, fragt Tissa weiter.

„Wir haben gewartet. Wir wollten erfahren, wie es jetzt nach dem seltsamen Erdbeben weitergeht“, erklärt die Mutter zögernd. „Ich meine, mit den Schülern des berühmten Lehrers …“, fügt sie ausweichend hinzu.

„Warum habt ihr uns nicht mitgenommen?“, Siri schenkt Wasser nach.

„Es sind zu viele Leute in der Stadt. Das Gedränge ist schlimmer als auf dem Markt“, antwortet der Vater abwehrend. „Das hätte euch nicht gefallen.“
„Aber die Kinder von den Nachbarn sind auch nicht zuhause. Bestimmt haben ihre Eltern sie ins Stadthaus mitgenommen!“, meint Siri ärgerlich.
Die Eltern schütteln die Köpfe. „Die anderen Kinder sind bei Verwandten in der Stadt untergebracht. Ihr könnt morgen zu eurer Großmutter. Wir haben das schon mit ihr abgesprochen“, erklärt der Vater.
Erleichtert sehen die Geschwister sich an. Bei der Oma gefällt es ihnen. Die erlaubt ihnen fast alles. Außerdem wohnt sie ganz in der Nähe des großen Feigenbaumes!
„Und was war jetzt mit dem Erdbeben? Wieso ging es bis zum Himmel?“, bohrt Siri nach, obwohl sie die Antwort natürlich längst weiß. Aber die Eltern brauchen davon nichts zu erfahren. Womöglich würden sie ihnen verbieten, weiter Herrn Ananda zu treffen.
„Und was ist mit dem berühmten Mann?“, fragt Tissa gleich nach.
„Und die vielen Tausend Schüler, die ihn begleiten?“ Auch Siri lässt nicht locker. Je dümmer sie sich stellen, desto weniger würden die Eltern Verdacht schöpfen.
Der Vater nimmt noch einen kräftigen Schluck, dann erklärt er: „Wir sind heute morgen schon ganz früh zum Stadthaus gegangen. Wir wollten hören, ob das Erdbeben Schäden angerichtet hat und ob wir mit weiteren Beben rechnen müssen.“
„Es waren schon alle auf den Beinen“, fährt die Mutter fort. „Das Erdbeben heute Nacht hatte einen Grund. Es geschah,

weil der berühmte Lehrer, der unsere Stadt besucht hat, gestorben ist."

Nun spricht wieder der Vater: „Früh am Morgen kam heute der engste Freund und Begleiter dieses Lehrers, Herr Ananda, zu uns ins Stadthaus. Er hat uns die traurige Nachricht gebracht, dass sein Lehrer, den alle den Buddha nennen, im Sala-Wald gestorben ist."

Nun berichtet die Mutter weiter: „Er hat gesagt, dass der Körper des Buddha in einer Woche verbrannt wird. Es wurde beschlossen, sieben Tage lang eine große Totenfeier zu halten. Mit allem, was dazu gehört. Lieder und Tänze, Gesänge, Opferungen, große Festessen. Im Stadthaus werden Kränze und Blumen eingesammelt. Alle Einwohner von Kusinara wollen dabei helfen. Deshalb gehen wir morgen gleich wieder hin. Aus ganz Indien werden Menschen erwartet, die bei den Feierlichkeiten dabei sein wollen, und die brauchen natürlich alle eine Unterkunft. In der Stadt stehen einige öffentliche Gebäude für sie zur Verfügung. Doch da muss man noch putzen und Schlafplätze herrichten. Zur Verbrennung werden Könige aller Reiche kommen, hat Herr Ananda gesagt. So traurig der Anlass ist, für uns in Kusinara ist das eine ganz besondere Ehre, dass der Buddha hier gestorben ist.

Die Eltern sind erschöpft und brauchen ihre Ruhe, deshalb ziehen sich Siri und Tissa in ihr Zimmer zurück. Es war ein unglaublicher Zufall, dass sie ausgerechnet Herrn Ananda kennen gelernt haben! Ob er sich wirklich morgen wieder Zeit für sie nimmt? Vielleicht hat er sie nur aus Höflichkeit eingeladen? Doch Siri ist eigentlich fest davon überzeugt, dass der alte Mann die Einladung ernst gemeint hat. „Tissa, wir sagen den Eltern nichts. Bestimmt werden sie uns verbieten,

Herrn Ananda zu besuchen."
„Aber wenn er doch so wichtig ist? Hat er dann überhaupt Zeit für uns?", überlegt Tissa und schiebt die Rucksäcke für die Hasen unter sein Bett.
„Das werden wir schon sehen." Siri zuckt mit den Schultern. „Ich glaube, er erzählt uns die Geschichte seines Lehrers gern."
„Und den Tieren und Götterkindern auch", ergänzt Tissa und strahlt seine große Schwester an.

Früh am nächsten Morgen, als die Sonne gerade aufgeht, wird Siri durch ein ungewohntes Geräusch geweckt. „Huch! Ein Tiger!", ruft sie erschrocken.
„He, was soll der Krach!", beschwert sich ihr Bruder und reibt den Schlaf aus den Augen.
„Das Tigermädchen ist da", flüstert Siri.
Sofort ist Tissa hellwach. „Guten Morgen, Tigermädchen!", sagt er freundlich. „Bist du durchs Fenster hereingesprungen?"
Siri holt den Korb unter dem Bett hervor. „Schau, das wird deine Sänfte. Da musst du rein, wenn die Eltern kommen, verstanden?"
Ein tiefes, kehliges Schnurren ist die Antwort. Das hört sich ganz schön gefährlich an. Siris Härchen richten sich am ganzen Körper auf. Hoffentlich hat die kleine Tigerin schon gefrühstückt ... Zufrieden schnurrend legt sie sich jetzt auf Siris Bett und schaut sich neugierig um.
„Da ist wer vor dem Fenster! Ich höre jemanden knabbern!", sagt Tissa, springt aus dem Bett und schaut nach. „Die Hasen!"
„Ist der kleine Elefant auch schon da?", fragt Siri und streichelt dabei das Tigermädchen.

Als Antwort schiebt sich ein Rüssel auf das Fensterbrett und legt sich nun wie ein Band um Tissas Arm.
In dem Moment geht die Zimmertür auf, und ihre Mutter kommt herein. Blitzschnell wirft Siri die Bettdecke über das Tigermädchen, das zum Glück sofort mit dem Schnurren aufhört.
„Gu ..." Mitten im Wort stockt ihre Mutter und rümpft die Nase. „Hier riecht es aber komisch..."
Tissa und Siri sehen sich unschuldig an. „Wir riechen nichts!", kommt es wie aus einem Mund.
„Wie, wie ... wie ...", Falten bilden sich auf der Stirn der Mutter. „Wenn es nicht so verrückt wäre, würde ich sagen, es ist der Geruch von einem Raubtier!"
„Das kommt von draußen!", sagt Tissa sofort. „Deshalb bin ich ja auch ans Fenster gegangen", erklärt er mit Unschuldsmiene weiter. „Der Geruch kommt nämlich von draußen!"
„Dann mach bitte sofort das Fenster zu! Wer weiß, welche Raubkatzen da vor dem Fenster herumschleichen. Seit dem Erdbeben ist irgendwie alles durcheinander geraten. Und beeilt euch mit dem Anziehen. Wir wollen so früh es geht los. Aber ihr seid ja schon wach. Das freut mich!" Mit diesen Worten verschwindet sie aus dem Zimmer.
Erleichtert atmen die Kinder auf. Schnell verstecken sie das Tigermädchen im Korb und verschließen ihn gut, die Hasenkinder rufen sie herbei, die werden einer nach dem anderen in die Rucksäcke gesteckt.
„Und der Elefant?", fragt Tissa.
Siri zuckt mit den Schultern. „Weiß nicht. Lass dir etwas einfallen!", erklärt sie mit Großer-Schwester-Miene.
Schnell gehen sie in die Küche, frühstücken eilig mit den

Eltern und stehen kurz darauf mit den Rucksäcken und dem Korb bepackt vor dem Haus.
„Wollt ihr verreisen?“, fragt der Vater erstaunt.
„Da sind unsere Spielsachen drin“, versichert Siri ernst. „Sonst ist es uns bei der Oma zu langweilig!“
„Huch, ein Elefant!“, kreischt plötzlich ihre Mutter und wird kreidebleich. Die einzigen Tiere, vor denen sie wirklich Respekt hat, sind nämlich Elefanten.
Tissa schwingt die Leine. „Mama, das hab ich ganz vergessen zu erzählen. Als ihr gestern weg wart, da ist uns ein Elefantenkind zugelaufen. Das, äh, das gehört zur Zeit zu mir ...“ Er legt dem grauen kleinen Dickhäuter die Leine um den Hals.
„Wie bitte? Ich höre wohl nicht recht?“ Ihr Vater stemmt die Hände in die Hüften und schaut seine Kinder streng an.
„Ich glaube, seine Eltern sind beim Erdbeben weggelaufen. Er ist noch zu klein. Jemand muss sich doch um ihn kümmern“, bettelt Tissa.
„Der Buddha hätte ihm sicher geholfen“, mischt sich nun Siri ein. Sie hofft, dass das hilft.
„Ich bin entschieden dagegen“, erklärt nun die Mutter. „Ihr wisst, Elefanten ...“
„Sind nicht deine Lieblingstiere“, führt Tissa den Satz zu Ende. „Aber der tut dir wirklich nichts, Mama. Er ist ganz lieb!“, sagt er voller Überzeugung, und der Elefant schlingt liebevoll seinen Rüssel um Tissas Bauch.
Der Vater lacht. „Meinetwegen behalte ihn. Aber nur, bis wir einen Elefantentreiber gefunden haben, der ihn bei sich aufnimmt!“
„Danke, Papa!“ Stürmisch fällt Tissa ihm um den Hals.
Siri stellt den Korb mit dem Tigermädchen auf den Rücken

des Elefanten und befestigt ihn mit einem Seil. Die Hasen verhalten sich in den Rucksäcken ganz still. Nach einer guten halben Stunde Fußmarsch sind sie mitten im Stadtzentrum von Kusinara angelangt.

Schon am Stadtrand herrscht großes Gedränge, obwohl es so früh am Morgen ist. In Zentrum der Stadt ist es noch schlimmer. Zum Glück machen alle vor dem Elefanten den Weg frei. Ohne ihn hätten sie sicher noch viel länger bis zum Haus der Großmutter gebraucht. Tausende sind auf dem Weg ins Stadthaus. Manche ziehen Karren hinter sich her, die beladen sind mit frisch gepflückten, duftenden Blumen. Andere haben Kochtöpfe dabei, wohl um die vielen Fremden zu verköstigen. Musiker und Akrobaten tummeln sich auf den offenen Plätzen. Einige weinen, manche haben sich vor Trauer sogar ihre Gewänder zerrissen. Andere stolpern über ihre eigenen Füße, weil sie vor lauter Tränen den Weg nicht sehen. Doch es sind auch viele unterwegs, die sich ausgelassen freuen und laut lachen.
Am Haus der Großmutter klopfen sie energisch an die Holztür. „Wer da?", ruft ihre Stimme von drinnen. „Wir sind es. Siri und Tissa", antwortet Siri.
Geräuschlos öffnet sich die Tür. Die Eltern verabschieden sich und machen sich weiter auf den Weg zum Stadthaus. Die Kinder schlüpfen ins Haus. Tissa zieht den kleinen Elefanten hinter sich her.
„Was soll denn der in meinem Haus?", erschrocken deutet die Großmutter auf den kleinen Dickhäuter.
„Äh, der, äh, ist mein neues Haustier", erklärt Tissa schnell und küsst die Oma rechts und links auf ihre Wangen.
„Haustier? Ein Elefant?"

„Du kennst doch Tissa, Oma“, sagt nun Siri und küsst ebenfalls die Großmutter. „Er hat immer komische Ideen.“
„Das ist wahr“, antwortet die Großmutter und lächelt. Tissa ist ihr Lieblingsenkel. Ihm hat sie noch nie etwas abgeschlagen. „Und wohin mit dem Elefanten?“
„Wir wollten eigentlich gleich zu einem Elefantentreiber gehen und fragen, wie man einen jungen Elefanten pflegen muss. Damit wir nichts falsch machen“, sagt Tissa und schaut die Großmutter ernst an.
„Erlaubst du uns das?“, fragt Siri und setzt ihren Bettelblick auf.
„Wissen eure Eltern davon?“, forscht die Großmutter nach.
Siri und Tissa schütteln die Köpfe. „Bitte sag ihnen nichts ... Mama will ihn so schnell es geht loswerden. Dabei sind wir inzwischen schon Freunde geworden!“, bettelt Tissa. Als ob der kleine Elefant die Worte verstanden hätte, schmiegt er seinen langen Rüssel um Tissas Hüften. Die Großmutter muss lachen, als sie das sieht. „Meinetwegen“, sagt sie. „Wann seid ihr zurück?“
„Bevor die Eltern wieder da sind!“, sagen Siri und Tissa gleichzeitig. Innerlich jubeln sie. Sie haben gewusst, dass ihre Oma ihnen keinen Wunsch abschlagen würde.

Frau Ganga

Kaum sind sie bei dem großen Feigenbaum in der Nähe des Stadthauses angelangt, hören sie lautes Papageiengekreische. Erwartungsvoll bleiben die Geschwister stehen und schauen nach oben. Dort sitzen sie, die bunten Papageienkinder, hoch oben in der Baumkrone, und plustern ihr Gefieder auf.
„Hier ist das Haus!", sagt Siri und klopft an die Tür. Es ist mit roter und blauer Farbe angestrichenen.
„Da seid ihr ja, Kinder", sagt Herr Ananda, der höchstpersönlich die Tür öffnet. „Habt ihr die Tierkinder mitgebracht?"
Siri und Tissa nicken und deuten auf den Feigenbaum, die Rucksäcke und den Korb, der auf den Rücken des Elefanten geschnallt ist.
„Sehr gut!", Herr Ananda lächelt. „Kommt mit in den Garten, dort habe ich schon einen schönen Platz für uns herrichten lassen."
Ein bisschen schüchtern folgen sie Herrn Ananda. Jetzt, wo sie wissen, was für ein wichtiger Mann er ist, sind sie etwas befangen. Doch die Schüchternheit der Kinder verschwindet, als sie den Garten sehen. Er ist riesig groß. Ein großer Feigenbaum steht in einem Meer von rot blühenden kleinen Blumen. Kissen sind um den Baum herum gelegt und Schalen mit Obst angerichtet. Die Papageien flattern herbei und nehmen auf den Ästen des Baumes Platz, doch gleich darauf stieben sie kreischend auf. Als ob ein Silberregen auf den Baum gefallen wäre, glitzern Blätter und Äste plötzlich auf.

„Kommt zu uns auf den Boden“, ermuntert Herr Ananda die Papageien. „Den Baum haben die Götterkinder schon für sich reserviert!“
Jetzt erst fällt Siri ein, dass das Tigermädchen sich die ganze Zeit schon mucksmäuschenstill im Korb versteckt hält. Schnell nimmt sie ihn vom Rücken des Elefanten herunter und öffnet den Deckel. Mit einem großen Satz springt die junge Tigerin heraus. Auch die Hasenkinder werden aus den Rucksäcken befreit. Mit übermütigen Sprüngen hoppeln sie durch den Garten und strecken ihre Glieder. Die Papageien haben auf dem Korb und auf den Rucksäcken ihren Platz gefunden. „Ich muss mich noch eine Weile um einige Besucher kümmern. Aber Frau Ganga, der das Haus und dieser schöne Garten gehören, wird euch weitererzählen. Da kommt sie schon!“
Eine in einen bunten Sari gekleidete Frau kommt gerade aus dem Haus und geht über den Rasen auf sie zu.
„Guten Morgen, Kinder! Gerne erzähle ich die Geschichte weiter.“, sagt sie. Ihre Stimme klingt wie perlendes Wasser; sprudelnd und witzig, fast als ob sie singen wollte. Ihre Haut ist wunderschön bronzefarben. Ihr Kleid ist mit großen gelben Blumen bedruckt, und in ihr Haar hat sie weiße Hibiskusblüten gesteckt.
„Nehmt bitte Platz“, sagt sie höflich und macht eine einladende Handbewegung. „Herr Ananda wird mich später ablösen. Jetzt muss er sich um einige Besucher kümmern.“
Fast zärtlich schmiegt sich das Tigermädchen an Siri. Der kleine Elefant platziert sich mit lautem Schnaufen und Rüsselschwingen neben Tissa. Die Hasenkinder hoppeln bis vor die Füße der rundlichen Frau mit der bronzefarbenen Haut.

„Gehören Ihnen das Haus und der Garten?“, fragt Tissa vorwitzig, wie es seine Art ist.
„Ja und nein“, antwortet sie und schmunzelt vieldeutig. „Es hat mir gehört. Ich bin schon viele Jahre lang Schülerin des Buddha. Früher, als ich noch gut zu Fuß war, bin ich ihm auf seinen Wanderungen durch das Land gefolgt, zusammen mit vielen anderen Schülern. Doch dann wollten meine Beine nicht mehr. Deshalb habe ich mich hierher zurückgezogen und dem Buddha das Haus zur Verfügung gestellt. Wann immer er kommen würde, sollte es ihm und seinen Anhängern offen stehen.“
„Sie haben es ihm geschenkt?“, fragt Siri erstaunt. Nun will sie es genau wissen.
Frau Ganga nickt und sieht plötzlich ganz traurig aus. Bestimmt denkt sie daran, dass der Buddha nun gestorben ist.
„Bis wohin ist Herr Ananda denn mit seiner Geschichte gekommen?“, fragt Frau Ganga und streicht ihren schönen bunten Sari glatt.
„Der Prinz hat seine Frau und seinen Sohn verlassen und ist auf die Suche nach einem Lehrer gegangen. Der hat ihm beigebracht, wie man sich mit seinem eigenen Atem befreundet“, traut sich Tissa zu sagen.
Siri nimmt ihren ganzen Mut zusammen. „Frau Ganga, darf ich Sie etwas fragen?“
„Nur zu“, antwortet diese.
„War das nicht schlimm für die Prinzessin Yasodhara, dass Siddhartha in der Nacht weggegangen ist, ohne sich zu verabschieden?“
Frau Ganga nickt. „Natürlich! Das war furchtbar für sie. Vor allem am Anfang. Sie und ihr Mann hatten ja so viele Pläne.

Rahula war gerade erst geboren, und Siddhartha hätte König werden sollen. Für Yasodhara war der Traum von einem Friedensreich, das sie gemeinsam errichten wollten, greifbar nahe gewesen. Ihre Enttäuschung ließ erst nach, als sie erfuhr, dass Siddhartha von Lehrer zu Lehrer ging, um einen Weg aus dem Leiden und dem Tod zu finden. Da erst verstand sie, dass er etwas wirklich Großes im Sinn hatte. Wollt ihr wissen, wie es Siddhartha bei seiner Suche weiter ergangen ist?", fragt Frau Ganga und schaut dabei von einem Kind zum anderen. Als alle nicken, beginnt sie zu erzählen:

„Nachdem Siddhartha diesen einen hoch berühmten Lehrer verlassen hatte, hörte er von einem noch bedeutenderen Lehrer, Rama mit Namen, der allerdings schon gestorben war. Aber man erzählte sich, dass er vor seinem Tod sein Wissen an seinen Sohn Uddaka weitergegeben habe. Nach langer Suche fand Siddhartha schließlich heraus, wo sich dieser aufhielt. Uddaka und seine Schüler hatten in einem Palmenwäldchen einfache, kleine Häuschen gebaut, in denen sie Tag und Nacht meditierten. Täglich versammelten sie sich zu Vorträgen, die ihr Lehrer hielt.

Als Siddhartha ihm zum ersten Mal zuhörte, spürte er, dass er hier am richtigen Ort war. Uddaka lehrte noch viel tiefere und friedvollere Versenkungszustände als Alara. Man konnte in ihnen tage- und nächtelang verweilen und sich und die Welt dabei vergessen.

Siddhartha bat darum, Uddakas Schüler werden zu dürfen, was dieser gerne erlaubte. Der klare, strahlende Blick des jungen Bettelmönches beeindruckte ihn. Wenn er sprach, klang seine Stimme so schön, wie er es niemals zuvor gehört hatte.

Einige Wochen lang zog sich Siddhartha in eine der Hütten zurück und übte die Versenkungsmethoden. Dann suchte er seinen Lehrer auf: ‚Ehrwürdiger Uddaka', sprach er, ‚darf ich Euch sprechen?'

‚Natürlich, Siddhartha, gerne! Wie ich sehe, hast du die strengen Meditationsübungen beendet. Hast du den tiefen geistigen Frieden gefunden, zu dem mein Vater den Weg gelehrt hat? Ich selbst konnte meinen Geist nie bis zu diesen äußerst tiefen Stufen öffnen, ich weiß davon nur aus Ramas Erzählungen.'

Siddhartha sah ihn ernst an. ‚Ich habe diese Stufen des Friedens erfahren. Sie sind tiefer als jede andere Ruhe, nicht einmal Gedanken tauchen mehr auf. Aber das ist nicht der Zustand, zu dem ich den Weg suche. Er befreit nicht vom Leiden und führt auch nicht über den Tod hinaus. Ich will weiterziehen und einen anderen Weg finden.'

‚Hast du dir das auch gut überlegt?', fragte Uddaka nach. ‚Du könntest der berühmteste Lehrer ganz Indiens sein. Keiner verfügt über so viel Wissen und Erfahrung mit der Meditation wie du.'

Doch Siddhartha blieb bei seinem Nein. Mehr denn jemals zuvor spürte er, dass er den Weg allein finden musste. Kein Lehrer konnte ihm beibringen, was er suchte. Dass es die von allem losgelöste Ruhe allein nicht war, das hatte er klar erkannt. Doch was fehlte? War es vielleicht die Strenge gegen sich selbst? Konnte man Leid und Schmerz dadurch besiegen, dass man alles Wünschen und alles Wollen unterdrückte? Vielleicht waren die Asketen auf dem richtigen Weg. Sie versuchten, die Lust auf Essen durch Hungern zu besiegen. Wenn sie Durst hatten, tranken sie nichts; selbst wenn sie vor Müdigkeit fast umfielen, zwangen sie sich dazu wach zu bleiben. Sie verzichteten freiwillig auf alles, was angenehm war und das Leben schöner machte, und versuchten, mit so wenig wie nur möglich auszukommen. Vielleicht musste man hart gegen sich und seinen Körper sein, damit man Erlösung finden konnte? Er beschloss, dem auf den Grund zu gehen und es zu versuchen.

Reiskörnchen und Baumgeister

Siddhartha zog sich in ein Wäldchen zurück, in dem sich so gut wie nie ein Mensch längere Zeit aufhielt, weil wilde Tiere darin lebten. Er wollte ganz ungestört sein und den Weg der Entsagung gehen, deshalb war dieser Ort genau der richtige für ihn. Bald hatte er es mit der Askese so weit gebracht, dass er am Tag nur noch ein winziges Reiskörnchen aß und nur einen einzigen Schluck Wasser trank. An Schlaf brauchte er nicht einmal mehr eine Stunde. Dementsprechend sah er auch aus. Aus dem wunderschönen, strahlenden, kräftigen und gesunden Prinzen war ein sterbensdürrer, bleicher und kranker Mensch geworden.
Schnell hatte sich herumgesprochen, wie wenig Siddhartha noch zum Leben brauchte. Die anderen Asketen staunten, denn das hatte vor ihm noch keiner geschafft! Fünf von ihnen erklärten Siddhartha zu ihrem Vorbild und zogen in seine Nähe. Sie versuchten, es ihm gleich zu tun. So wie er wollten sie auch sein!
Siddhartha konnte sich inzwischen vor Schwäche kaum noch auf den Beinen halten. Nur kurz waren die Zeitabschnitte, in denen es ihm möglich war, einen klaren Gedanken zu fassen. Wenn er schlief, wachte er sogleich wieder auf, weil ihm alle Knochen wehtaten. Sein Mund war ausgetrocknet, und der Hals fühlte sich an wie Schmirgelpapier. Sprechen konnte er schon seit Wochen nicht mehr. Seine Haare waren ausgefallen, und die Zähne wackelten bereits. Auch seine Haut

war ausgetrocknet, sie fühlte sich an wie Baumrinde. Wenn er so weitermachte, würde er bald sterben. Siddhartha spürte, dass der Tod, den er doch überwinden wollte, sich ihm bereits näherte. Doch wie sollte er, schwach und krank wie er war, etwas gegen den Tod ausrichten? Er war so ausgezehrt, dass er keine Kraft mehr hatte. Das Hungern, Dürsten und der Schlafentzug hatten ihn weder glücklich noch frei gemacht. Die Selbstquälerei war mit Sicherheit kein geeigneter Weg, der zur Befreiung von Leiden und Tod führte.

Mit der wenigen Gedankenkraft, die er noch hatte, beschloss er, die Askese zu beenden. Er begann wieder etwas zu essen, mehr zu schlafen und regelmäßig und ausreichend zu trinken. Nach und nach kehrten seine Kräfte zurück.

Die fünf Asketen, die ihn zu ihrem Lehrer erklärt hatten und ihn bewunderten, rümpften die Nasen, als sie das sahen. ‚Siddhartha hat versagt', krächzte der eine mit heiserer Stimme. Auch er war ausgedörrt wie eine Trockenpflaume und hatte alle Haare verloren.

‚Er hat es nicht geschafft', bemerkte der zweite mit rauer Stimme und wandte sich von Siddhartha ab. Die anderen drei flüsterten nur ‚Versager'. Sie waren zu geschwächt, um weitere Worte über ihre aufgesprungenen Lippen zu bringen und wandten ihm abfällig ihre knochigen Rücken zu.

Siddhartha dagegen genoss es zu spüren, wie sein Körper endlich wieder zu Kräften kam. Er spürte, wie wohl es tat, Wasser zu trinken. Jeder Bissen, den er zu sich nahm, gab ihm Energie und Wohlbefinden. Er fühlte sich endlich wieder gut. Plötzlich erinnerte er sich an den Rosenapfelbaum, unter dem er als Kind gesessen und die smaragdgrüne Eidechse beobachtet hatte. ‚Habe ich damals nicht auch einen tiefen, glücklichen Frieden in mir gespürt?', ging es ihm durch den Sinn. ‚Dieser Friede war aber anders als der körperlose und weltabgewandte Friede, den ich bei Alara und Uddaka gelernt habe. Ich habe mich damals mit allem verbunden gefühlt und hatte einen wachen und klaren Geist.'

Beschwingt von dieser Erinnerung machte sich Siddhartha auf den Weg in das nahe gelegene Dorf Uruvela. Vom ungewohnten Wandern in der glühenden Hitze müde geworden, setzte er sich in den Schatten eines Baumes, um sich auszuruhen. Er wusste freilich nicht, dass dieser Baum von den Einwohnern als heilig und als Sitz einer Baumgottheit verehrt wurde.

Wie es der Zufall wollte, war genau an diesem Tag eine junge Frau namens Sujata dorthin unterwegs, um dem Baumgott eine Reisspeise als Dankesopfer zu bringen. Dieser hatte ihr nämlich ihren sehnlichsten Wunsch erfüllt. Sie hatte einen netten Mann geheiratet und einen Sohn bekommen. Als Sujata sich dem Baum näherte, sah sie Siddhartha darunter sitzen. Von ihm ging eine Ruhe und Friedlichkeit aus, wie sie es noch nie bei einem Menschen erlebt hatte.

‚Das ist der Baumgott, heute zeigt er sich mir', jubelte sie und alle Härchen ihres Körpers stellten sich auf. Überglücklich näherte sie sich ehrfurchtsvoll dem Baum und reichte Siddhartha unter vielen Verbeugungen die köstliche Reisspeise."

Frau Ganga verstummt. Ihr Blick ist an dem Schatten hängen geblieben, den der große Feigenbaum auf die roten Blumen wirft. „Ach, du liebe Zeit! Es ist schon bald Mittag! Ich muss mich um das Essen kümmern!", sagt sie unvermutet und springt auf. „Die Frauen, die sich um die Baumwolle und die

Leinenstoffe kümmern, haben keine Zeit zu kochen. Ich habe versprochen, es heute zu tun."
Die Kinder sehen sie verwirrt an. Sie sind so in die Geschichte vertieft, dass sie Mühe haben, aus ihr aufzutauchen und zu begreifen, was um sie herum geschieht.
Als Frau Ganga sich erhebt, ihr schönes Kleid ordnet und im Haus verschwindet, ist es Siri, die als Erste wieder Worte findet: „Ich gehe Herrn Ananda suchen. Vielleicht hat er jetzt Zeit für uns. Tissa, du passt auf, dass die Tiere nicht weglaufen!" Sie wirft einen Blick auf das Tigermädchen und den kleinen Elefanten. „Ihr bleibt schön hier, verstanden?"
Das Tigermädchen schnurrt. Es klingt wie eine Zustimmung. Der kleine Elefant hebt seinen langen Rüssel und bläht dabei seine Nasenlöcher. Siri hofft, dass das ebenfalls ein Ja bedeuten soll.
Sie steht auf und macht sich auf den Weg ins Haus. Hinter einer verschlossenen Tür hört sie Gespräche. Vorsichtig öffnet sie diese und erblickt eine unglaubliche Menge gezupfter Baumwolle. Daneben sind meterhoch Ballen von sauberen Leinenstoffen aufgetürmt. In der Mitte des Raumes sitzen einige ältere Frauen im Kreis und schneiden das Leinen zurecht. Herr Ananda steht vor ihnen, deutet auf verschlossene Gefäße und erklärt: „Das Sandelholz ist hier drin, die getrockneten Rosenblüten in diesem roten Kasten und das ..." Herr Ananda hat Siri entdeckt. „Suchst du mich?", fragt er, und die Frauen wenden ihre Köpfe herum.
Siri wird knallrot im Gesicht. „Äh, Ent-Entschuldigung", stottert sie. „aber ..."

„Frau Ganga muss das Mittagessen zubereiten", kommt Herr Ananda Siri zu Hilfe.

„Kommt ihr eine Weile alleine zurecht?", fragt er in die Frauenrunde.

Ein zustimmendes Nicken ist die Antwort.

„Sehr gut. Wenn etwas ist, könnt ihr Frau Ganga fragen. Sie weiß ohnehin besser Bescheid als ich", lächelt er und folgt Siri in den Garten.

„Ich wollte Sie wirklich nicht von Ihrer Arbeit wegholen." Siri hat ein schlechtes Gewissen.

„Das macht nichts", beruhigt sie Herr Ananda. „Es ist eigentlich nicht meine Aufgabe, mich um die Vorbereitung der Leichenfeier zu kümmern."

„Erzählen Sie uns vom nächsten Erdbeben?", fragt Tissa, als Herr Ananda sich unter dem Baum auf einem Kissen niederlässt.

„Bald", antwortet der alte Mann und streicht sorgfältig die Falten seines Gewandes glatt.

Risse in Maras Palast

Herr Ananda fährt mit der Geschichte fort, wo Frau Ganga aufgehört hat:

„Siddhartha fühlte, dass er seinem Ziel sehr nah war. Deshalb beschloss er, erst gar nicht mehr ins Dorf zu gehen, sondern im Fluss ein Bad zu nehmen. Er legte sein Gewand ab und stieg in die kühlen Fluten. Er tauchte unter und genoss das Prickeln, das das gebirgsklare Nass auf der Haut hervorrief. Siddhartha fühlte sich prächtig. Am Ufer ließ er sich von der Sonne trocknen, dann legte er erneut sein Gewand an, nahm seine Almosenschale und machte sich zum Wald auf, der an den Fluss grenzte. Zielsicher fand er genau den Baum, der für ihn dort wuchs. Am selben Tag, an dem Siddhartha zur Welt gekommen war, hatte dieser Feigenbaum aus einem Samen gekeimt und Wurzeln gefasst. In den 35 Jahren, die seitdem vergangen waren, war er zu beachtlicher Größe herangewachsen.

Weit ausladend reckten sich seine Zweige zum Himmel. Ein leichter Wind blies in die herzförmigen Blätter hinein. Siddhartha nahm am Fuß des Stammes mit dem Rücken zur untergehenden Sonne Platz. Wenn sie am nächsten Morgen wieder aufgehen würde, wollte er sie direkt ansehen können. Er beschloss, nicht eher aufzustehen, als bis er den Weg gefunden hatte, der den Tod überwinden konnte. Der Wind frischte auf und bauschte sein Gewand. Siddhartha lächelte voller Zuversicht.

Zur gleichen Zeit konnte sich ein anderer überhaupt nicht freuen: Mara, der Verführer, Mara, der Herr der Welt und des Todes, war so schlechter Stimmung wie schon seit Jahrhunderten und Jahrtausenden nicht. Er war für das Böse in der Welt zuständig. Es bereitete ihm teuflische Lust, Menschen, Tiere und sogar Götter zu verführen, etwas Gemeines zu tun: zu lügen zum Beispiel, zu stehlen, zu schlagen, zu treten und zu morden. Je böser, je brutaler und egoistischer alle wurden, und je mehr sie dem falschen Glanz der Welt verfielen, desto glücklicher war Mara.

Doch heute war etwas passiert, was schon seit Zehntausenden von Jahren nicht mehr vorgekommen war: Die Mauern seines Palastes bröckelten! Ziegel rutschten von den Dächern und blieben zerbrochen am Boden liegen. Die Blumen in seinen Palastgärten welkten von einer Minute auf die nächste, obwohl sie noch gar nicht richtig aufgeblüht waren.

Mara, der Teuflische, Mara, der Siegreiche, Mara, der Stolze, Mara der Fürst aller bösen Taten und Worte, begann zu zittern. Dass sein Palast anfing Risse zu bekommen, dass seine Blumen dahin welkten, das alles konnte nur eines bedeuten: Draußen in der Welt machte sich einer auf, um sich aus seiner Herrschaft zu befreien.

Er erhob sich von seinem pechschwarzen Thron und blickte mit seinem weitsichtigen Mara-Auge auf die Welt.

‚Wer versucht, sich gegen mich aufzulehnen?', brüllte er wutschnaubend.

‚Vater Mara, in unseren Zimmern blättert der Putz von den Wänden!' Ängstlich eilten die Töchter des Fürsten der Finsternis herbei. ‚Was hat das zu bedeuten?', wisperten sie voller Furcht.

‚Lasst mich in Ruhe!', schimpfte ihr Vater ungehalten. ‚Seht ihr nicht, dass ich auf die Welt schaue? Da wird wohl irgendeiner sein, der versucht, nichts Böses mehr zu tun und Habgier, Neid und Hass zu überwinden!'

‚Wer ist es?', flüsterten die schönen Töchter.

‚Ha! Da sehe ich ihn!' Mara standen die Haare zu Berge. Seine Augen traten hervor, er ballte die Hände zu Fäusten.

‚Na, warte! Du wirst mich nicht bezwingen! So stark bist du nicht, wie du dir einbildest!'

‚Wer ist es denn, Vater?', fragte Tanha, die allerschönste Tochter, beklommen.

‚Einer, den ihr kennt', knurrte Mara missmutig.

‚Etwa der Prinz, der seine Frau verließ?' Raga, die Tochter, die tanzen konnte wie keine Zweite, hatte Siddhartha schon öfter in Träumen besucht und ihn mit ihrem Schleiertanz zu verführen versucht.

‚Eben der!' Mara musste sich etwas einfallen lassen. Dieser Siddhartha war ein ernst zu nehmender Gegner. Er hatte eine kolossale Wirkung auf die Menschen. Sogar die Tiere konnte er mit seiner Freundlichkeit für sich gewinnen. Diesen entlaufenen Prinzen durfte er nicht unterschätzen. Die Götter standen zudem auf seiner Seite. Mara kam es vor, als ob Himmel und Erde sich gegen ihn, den Herrn der Finsternis, verschworen hätten. Mit lautem Getöse stürzte eine Palastmauer in sich zusammen und hüllte alles in eine große, dunkle Staubwolke.

‚Dieser Siddhartha wäre fähig, die Menschen gegen mich aufzustacheln', ging es Mara durch den Kopf. ‚Dann wird es richtig schwer werden, sie weiter zum Bösen zu überreden, sie zu verführen! Ich könnte sie nicht mehr so leicht in die Irre leiten

und ins Unglück stürzen!' Mara stöhnte auf. Das war eine schreckliche Vorstellung. ‚Meine Paläste würden verfallen. Meine Macht würde schwinden.' Er raufte sich die Haare.
‚Er darf unter diesem Baum nicht sitzen bleiben!', zischte Mara böse und bleckte seine Zähne. ‚Sonst geschieht das größte Unglück aller Zeiten!'
‚Dämonen! Monster! Zauberer und Zauberinnen! Krieger der Dunkelheit, kommt alle zusammen!'
Mara ließ die Trompeten zum Krieg gegen Siddhartha blasen. Bevor die Schlacht losging, wollten Maras Töchter es noch einmal mit weiblicher Verführungskunst versuchen. Raga, die Jüngste, hüllte sich in die aufreizendsten Kleider, die sie besaß, und erschien vor Siddhartha, der versunken lächelnd unter dem Baum saß. Sie umtanzte ihn und sang dabei mit verführerischer Stimme. Doch er blieb bewegungslos sitzen. Es schien, als nehme er sie gar nicht wahr. Deshalb begann sie nun, ihn zärtlich zu streicheln und ihm Liebesworte in sein Ohr zu flüstern. Doch nichts geschah. Siddhartha schien taub und blind für ihre Reize zu sein.
Jetzt war es Zeit für die beiden anderen Töchter, es nun ihrerseits mit Lust- und Liebesversprechen zu versuchen und Siddhartha aus seiner friedlichen Ruhe zu locken. Doch auch sie mussten unverrichteter Dinge wieder abziehen.
Damit hatte Mara gerechnet. Schönheit und Verführung waren nicht mehr das, was den Prinzen beeindruckte. Da mussten schwerere Geschütze aufgefahren werden.
Also rückte er mit seinem riesigen Heer an. Drohend, mit klirrenden Waffen und mit schaurigem Getöse umstellten die Furcht erregenden Krieger den Baum, unter dem Siddhartha saß.

‚He, du Wicht!', brüllte Mara mit donnernder Stimme. Er musste sich mächtig anstrengen, den Lärm seines Heeres zu übertönen. ‚Aufgepasst!'
Jetzt ließ er seine finsteren Trompeter zum Angriff blasen. Er selbst ritt auf einem schwarzen Kriegselefanten durch die Luft und umkreiste Siddhartha. Seine Krieger erhoben die Waffen und schleuderten sie mit aller Wucht gegen den Bettelmönch, der völlig unbeeindruckt und regungslos sitzen blieb. Etwas Seltsames geschah! Im Flug verwandelten sich die Waffen in Blumen und schwebten sacht zur Erde nieder. Die grässlichen Verwünschungen, die die wilden Kämpfer ausstießen, sogar Maras Mark erschütternde Trompetenstöße wurden zu freudig schöner Musik. Wie heftig und wütend Maras rasende Horden auch gegen Siddhartha anstürmten, sie konnten ihm nichts anhaben.
‚Verflucht noch mal!', gellte der Todesfürst.
‚Zeigt es ihm! Ihm sollen Hören und Sehen vergehen!'
Monstergleiche Gestalten tobten heran. Waffen klirrten. Schreie durchdrangen die Luft. Es klang so qualvoll und brutal, dass Mara selbst das Blut in den Adern gefror. Grauenvolle Ungeheuer entstiegen der Unterwelt, sperrten ihre Mäuler weit auf und stießen fauligen Atem aus. Dämonen mit Ekel erregenden Fratzen sprangen kreischend um Siddhartha herum und ließen Fäulnis und Eiter auf ihn niederregnen.
Doch aller Unrat und Gestank verwandelten sich in duftendes Blütenwasser. Die grausigen Schreie wurden zu einem seufzenden Wind, der in der Nacht sanft um den Baum herumstrich. Der Mond stand rund und voll am Himmel und der Feigenbaum warf einen langen Schatten. Das Getöse des Heeres verhallte nach und nach. Krieger und Ungeheuer ließen

enttäuscht ihre Waffen sinken und verschwanden in einer Erdspalte, die sich plötzlich auftat.
Mara musste einsehen, dass er keine Macht mehr über Siddhartha hatte.
‚Dir werde ich es schon noch zeigen!', knurrte er und warf dem Gegner Hass erfüllte Blicke zu. ‚Kommt, Töchter, ich kann diesen widerlich friedlichen Anblick nicht länger ertragen!' Mit diesen Worten löste Mara sich in Luft auf.
Zurück im Reich der Finsternis, sah Mara sich fassungslos um. Die Paläste waren eingestürzt, die Mauern und Dächer lagen zerstört am Boden. Es qualmte und rauchte, Staub und Asche erfüllten die Luft, und Maras Töchter mussten sich ihre Schleier vor die Nasen halten. ‚Mein Reich zerfällt!', schrie der König der Finsternis entsetzt. Sein Lieblingspalast brach zusammen. Bis in das Fundament waren die Risse gegangen. Maras Schreckensreich war bis in die Grundfesten erschüttert.

Ein ewiger Traum

Was für Mara die schlimmste Niederlage war, sah in den Augen von Siddhartha ganz anders aus. Als sich die Nacht über das Land legte, saß er unbeweglich unter dem Baum, in dessen Blättern unverdrossen ein sanfter Wind spielte. Die leichte Brise kühlte seine Haut angenehm. Die Vögel stritten sich kreischend um Schlafplätze in den Zweigen. Siddhartha saß aufrecht und entspannt da, hielt die Augen halb geschlossen und ließ sich weder von den Geräuschen noch von anderen Dingen ablenken.

Ihm fiel es leicht, in der Meditation zu ganz tiefer Ruhe zu kommen und dabei gleichzeitig hellwach zu sein. Er fühlte, wie sich etwas in ihm weitete, und dabei wurde sein Geist immer klarer und geschärfter. Mit einem Mal sah er sich selbst. Doch nicht draußen unter dem Baum, unter dem er im Licht des Vollmondes saß, sondern in seinem Inneren. Er sah sich auch nicht als Bettelmönch. Alle seine Leben zogen an ihm vorbei: Prinz, König und Bettler war er gewesen, Affe, Tiger und Löwe, Falke, Maus und Ameise, Kaufmann und Mörder, Lichtgott, Feuergott und Wassergeist. Wie viele verschiedene Leben hatte er schon gehabt!

Plötzlich tauchten auch die Leben anderer vor seinem inneren Auge auf. Er erkannte, dass der, der immer nur geizig gewesen war, als Bettler wiedergeboren wurde. Wer immer großzügig gewesen war, lebte später als ein reicher, glücklicher König. Er sah, dass der eine als Tiger einsam durch die

Wälder streifte, weil er in seinen letzten Leben voller Gier und Rohheit gewesen war. Siddhartha erkannte, dass die eine, die als Prinzessin viel Gutes getan, im nächsten Leben sehr glücklich gelebt hatte. Warum der eine als Kaufmann früh gestorben war, und warum derselbe in einem anderen Leben als Baumgeist uralt wurde. Ein immer tieferes Wissen und eine alles durchdringende Erkenntnis durchfluteten ihn, immer weiter entwirrte sich alles; Gedanken und Taten verketteten sich miteinander und brachten wieder neue Erlebnisse und Begegnungen hervor. Es gab Verbindungen, Knoten und Risse. Niemand begegnete sich zufällig. Reichtum, Armut, Schönheit, Hässlichkeit, Glück und Unglück waren nicht ungerecht verteilt.

‚Wir haben es selbst in der Hand', jubelte plötzlich eine Stimme in ihm. ‚Wir bestimmen unsere Leben selbst! Wenn wir Gutes tun, bekommen wir Gutes zurück, wenn wir voller Hass sind, werden wir früher oder später selbst gehasst.'

Während er begriff, dass sich alles immer wieder neu verflocht, auflöste und wieder anders verband, spürte Siddhartha das große Leid, das darin eingebunden war. In diesem Werden und Vergehen wechselten sich Glück und Unglück, Freuden und Leiden, Tod und Geburt unablässig miteinander ab. So lange man mit dem Knüpfen und Verbinden von Altem und Neuem beschäftigt war, blieb man verstrickt in ein unentwirrbares, immer dichter werdendes Knäuel.

Plötzlich fiel alles von Siddhartha ab, was ihn noch gehindert hatte, die volle Wahrheit zu sehen.

Ihn durchdrang eine leuchtende Klarheit, und es war, als sehe er die Wirklichkeit zum ersten Mal: Alle Leben waren wie Träume. Es war gar nicht so wichtig, wer man war, ob man in

einem Palast wohnte oder in einer baufälligen Hütte. Ob man berühmt war oder unbekannt, ob krank oder gesund. Dies waren alles nur Traumbilder. Das Knäuel würde unendlich lange weiter gewickelt werden können. Da war kein Ende abzusehen. Die Träume konnte man ewig weiterträumen. Mal waren sie angenehm, mal waren es Alpträume. Mit dem Träumen musste man aufhören. Aufwachen musste man, sich aus dem gesamten Knäuel befreien!
Siddhartha schlug die Augen auf. Es waren seine inneren Augen, die er öffnete und so zur wahren Wirklichkeit erwachte.
Da ging eine gewaltige Erschütterung durch die Welt, der Boden rumorte bis in die tiefsten Tiefen. Ein Stoß folgte dem nächsten. Der Himmel erzitterte, und das ganze Weltall erbebte bis zu den fernsten Sternen. Ein duftender Blumenregen fiel zur Erde, und ein vielstimmiger Jubel brauste auf. Es war, als wollte das Universum aus den Fugen springen."

„Das dritte Erdbeben!", flüstert Tissa.
Herr Ananda kann nicht weiter sprechen. Er ist selbst ganz ergriffen von dem, was er gerade erzählt hat. Das Tigermädchen hat sich ihm zu Füßen gelegt und die Hasen sitzen rechts und links von ihm. Es ist, als stünde die Zeit still.
„Das Essen ist fertig!", schallt plötzlich die Stimme von Frau Ganga durch den Garten und durchbricht damit den Zauber, der sich über Herrn Ananda und seine jungen Zuhörer gelegt hat. Flüchtig streift sein Blick die jungen Götter, die in der Baumkrone glitzern.
„Ja, das war das dritte Erdbeben", haucht jetzt Siri. Auch sie braucht eine Weile, bis sie aus der Geschichte aufgetaucht ist.

Duftender Reis und stinkende Straßen

Frau Ganga kommt gemächlichen Schritts aus dem Haus und geht geradewegs auf Herrn Ananda zu. „Darf ich bitten?", fragt sie und macht eine einladende Handbewegung in Richtung Haus.

Herr Ananda richtet sich schwerfällig auf.

„Für die Tiere habe ich auch etwas bereitstellen lassen", meint sie fröhlich und zeigt auf einen Jungen, der kaum älter ist als Siri. Er macht sich vor einem Nebengebäude zu schaffen. „Das ist Nandiya, er ist sozusagen unser Tierpfleger. Wenn ihr wollt, können die Tiere erst einmal hier bei uns bleiben."

Siri und Tissa sehen sich an. Das ist eine großartige Lösung! Dann brauchen sie sich keine neuen Ausreden und Tricks einfallen lassen. Auch Herr Ananda scheint mit diesem Vorschlag zufrieden. Auf Frau Gangas Arm gestützt, geht er in Richtung Haus, die Kinder trotten hinterher. Köstliche Essensdüfte nehmen sie in Empfang, Siri und Tissa läuft das Wasser im Mund zusammen. Die Frauen, die sich um die Leinentücher und die Baumwolle kümmern, sitzen im Kreis und warten. Herr Ananda bekommt einen Ehrenplatz. Frau Ganga füllt jedem die Schalen mit duftendem Reis und fein gewürztem Gemüse. Dazu gibt es einen leckeren Saft aus Kokosmilch und Früchten.

Nach dem Essen ruft Herr Ananda die beiden Geschwister zu sich.

„Ich muss mich jetzt um die anderen Schüler des Buddha

kümmern. Manche sind untröstlich und können nicht aufhören zu weinen. Aber morgen früh habe ich wieder Zeit zum Erzählen. Wollt ihr mich hier besuchen?"
„Gerne!", jubeln Siri und Tissa.
„Sannadi bringt euch nach Hause." Herr Ananda winkt die junge Frau mit den pechschwarzen Haaren zu sich.
„Aber wir sind zur Zeit bei meiner Großmutter!", erklärt Siri. „Das ist nicht weit."
„Ihr werdet staunen, wie weit der Weg heute sein kann. Ich bin überzeugt, dass ihr froh sein werdet, Sannadi an eurer Seite zu haben. Bis morgen früh!"

Kaum öffnen Siri und Tissa die Tür von Frau Gangas Haus, werden sie gleich wieder zurückgedrängt. Es ist ihnen unmöglich, überhaupt auf die Straße zu kommen! Menschenmassen drängeln sich dicht am Haus vorbei und lassen keinen Zentimeter Platz. Wer nicht aufpasst, wird an die Wand gedrückt. Für die wenigen hundert Meter, die das Haus ihrer Großmutter entfernt ist, brauchen sie fast zwei Stunden. Sannadi kämpft ihnen den Weg frei. Es sind Hunderte und Tausende Fremde in der Stadt, die in Richtung Salawäldchen strömen, wo der verstorbene Buddha aufgebahrt ist. Endlich erreichen Siri und Tissa das Haus ihrer Großmutter.
„Da seid ihr ja endlich!" Glücklich schließt sie ihre Enkelkinder in die Arme. „Ich habe mir schon Sorgen gemacht, dass ihr in dem Gedränge nicht mehr zurückfindet!"
Die Kinder stolpern in die Wohnung und lassen sich erschöpft auf die Sitzkissen fallen.
„Die Stadt platzt aus allen Nähten. Von überallher sind Menschen unterwegs zu uns. Sie wollen dem Buddha die letzte

Ehre erweisen“, erklärt die Großmutter.
Siri gähnt. Sie ist am Ende ihrer Kraft. Tissa sagt: „Es sind bestimmt zehntausend Menschen.“
Die Großmutter nickt. „Hoffentlich kommen eure Eltern heil hier an. Ihr könnt zur Zeit auf keinen Fall zu euch nach Hause zurück. Da werdet ihr womöglich tot getrampelt. Bis die Verbrennungsfeierlichkeiten vorbei sind, wohnt ihr bei mir!“, fügt sie nachdrücklich hinzu.
„Wo habt ihr den kleinen Elefanten gelassen?“
Siri tut so, als hätte sie die Frage nicht gehört. Soll sich doch Tissa um eine einleuchtende Antwort kümmern. Der hat auch sofort eine parat: „Wir haben einen Elefantentreiber gefunden. Bei dem kann der kleine Elefant erst einmal bleiben.“
„So, so“, erwidert die Großmutter. „Das freut mich.“
„Wir müssen ihn aber jeden Tag besuchen, sonst bekommt er Heimweh und stirbt.“ Tissa setzt sein dramatisches „Jetzt-Ist-Gleich-Alles-Aus“-Gesicht auf.
„Natürlich, natürlich!“, antwortet die Großmutter beschwichtigend.
Spät am Abend kommen die Eltern. Sie haben den ganzen Tag geholfen, Schlafgelegenheiten für die vielen tausend Gäste zu schaffen, die unablässig nach Kusinara strömen.
„Morgen helfen wir beim Reinigen der Straßen. Schon vor Sonnenuntergang müssen wir uns im Stadthaus einfinden“, erklärt der Vater. Ihm fallen vor Müdigkeit fast die Augen zu.

Der freundliche Schlangenkönig und die bestürzten Kaufleute

Am nächsten Morgen verlassen die Kinder zusammen mit ihren Eltern das Haus. Da es noch sehr früh ist, sind die Straßen zum Glück noch nicht so verstopft wie am Vortag.

„Wo wohnt denn euer Elefantentreiber?", fragt der Vater und weicht einer Bananenschale aus, die genau vor seinen Füßen liegt.

„Nicht weit von hier", erklärt Tissa. „In der Nähe vom Stadthaus."

„Dort lebt ein Elefantentreiber?" Verwundert schaut seine Mutter ihn an.

„Da ist das Haus!" Siri deutet auf das rot-blau angestrichene Gebäude, vor dem ein großer Feigenbaum steht.

Wie angewurzelt bleiben die Eltern stehen. „A-a-a-ber, a-a-aber, da kann euer Elefantentreiber nicht wohnen. Das ist doch das Haus von Frau Ganga!"

„Ja, genau. So heißt die Frau."

„Ihr müsst euch irren. In diesem Haus ist der Buddha oft gewesen. Jetzt wohnt auch Herr Ananda dort. Da habt ihr überhaupt nichts verloren, Kinder!", sagt der Vater streng.

In dem Moment geht die Tür des farbenprächtigen Hauses auf und Frau Ganga tritt heraus.

„Guten Morgen, Kinder! Sie warten schon im Garten auf euch!"

Den Eltern bleiben die Worte im Hals stecken. Sie starren Frau Ganga an, als sei sie ein Weltwunder.

„Bis heute Abend!", Siri und Tissa verabschieden sich mit einem Kuss von den staunenden Eltern und verschwinden im Haus.

Herr Ananda sitzt unter dem großen Feigenbaum im Garten. Die Tiere sind schon um ihn herum versammelt. Die Papageien haben sich wieder auf dem Rücken des kleinen Elefanten niedergelassen. Die Hasen sitzen gespannt neben dem kleinen Tigermädchen, das schnurrend zu Füßen von Herrn Ananda liegt. Die Götterkinder verbreiten einen Glanz, dass Siri und Tissa ihre Augen abschirmen müssen, so geblendet sind sie im ersten Augenblick.
„Schön, dass ihr da seid!", begrüßt sie Herr Ananda.
„Wo sind wir stehen geblieben?", fragt er und blickt in die Runde.
„Beim dritten Erdbeben!", antwortet Tissa prompt.
„Der Prinz hat erkannt, wie alle Leben und überhaupt alles, was es gibt, miteinander zusammenhängen, dass sie wie ein großer Traum sind – und aus dem ist er erwacht", ergänzt Siri.
„Ja, Kinder", Herr Ananda nickt zustimmend. „Das war die Geschichte, wie aus dem Prinzen Siddhartha der Buddha wurde, der Unübertreffliche, der Erhabene, der aus seinem großen Lebenstraum erwacht ist."
„Heißt das, er hat den Weg aus dem Tod gefunden?", will Tissa wissen.
Herr Ananda nickt, dann sagt er: „ Ja, denn wenn man erkennt, dass alle Leben wie ein Traum sind, aus dem man erwachen kann, dann gehört der Tod zu diesem Traum."
„Und aus dem kann man dann auch erwachen", folgert Tissa.

„So ist es“, freut sich Herr Ananda und lächelt weise.
„Und wie ging es weiter?“, fragt Siri aufgeregt. Denn wenn der Prinz diesen Weg gefunden hat, dann könnte doch sein, dass es davon jetzt eine Landkarte oder so etwas Ähnliches gibt.
„Hm“, Herr Ananda tut so, als würde er nachdenken. „Ob ich das noch alles zusammen bekomme ...“
„Bitte!“, rufen die Kinder wie aus einem Mund.
„Na, gut“, sagt er und beginnt zu erzählen:

„Der Buddha blieb ganze sieben Tage lang unter dem Feigenbaum sitzen. Wie er sah, hörte, roch, schmeckte und fühlte war völlig anders als das, wie er bisher die Welt erlebt hatte. Obwohl alles noch so aussah wie vorher, kam es ihm dennoch wie neu vor. Glückseligkeit war in ihm und strömte aus ihm heraus. Das war so gewaltig und so voller Energie - mit dieser Empfindung musste er sich erst einmal vertraut machen. Jeder Atemzug war eine unbeschreibliche Wonne, jeder Blick, den er auf die Welt warf, war wie ein Entfalten von tausend Möglichkeiten. Das alles war so neu, so unbekannt – ein noch nie da gewesenes Erleben!
Nach sieben Tagen aber verlangte sein Körper nach Nahrung und Bewegung. Der Buddha erhob sich und ging umher. Jeder Schritt war ein Feuerwerk, jedes Setzen des Fußes auf den Boden war wie das Flügelschlagen eines Schmetterlings und das Brausen des ganzen Ozeans zusammen. Er pflückte einige Früchte von den Bäumen und aß sie betont langsam. Selbst der Geschmack der Früchte war wie neu! Es war ein Prickeln, ein Erfülltsein von freudiger Kraft. Nach einiger Zeit fand der Buddha einen anderen großen Baum, unter dessen Schatten spendende Äste er sich setzte. Sogleich umfing ihn dieselbe

Wonne wie unter dem Feigenbaum, und er ließ sich von dieser Glückseligkeit durchdringen.

Mara, der Fürst der Finsternis und der Herr des Todes, saß zur selben Zeit auf den Ruinen seines Hauptpalastes. Dieser war tatsächlich noch in der Nacht zusammengestürzt, als der Buddha die Erleuchtung erlangt hatte.
Seit einer Woche grämte sich Mara über seine bittere Niederlage. Er war abgrundtief enttäuscht, dass er die entscheidende Schlacht gegen den Prinzen, der nun ein Erwachter war, verloren hatte. Sein Kopf war voller Rachegedanken.
‚Was macht mein schlimmster Feind wohl gerade?', dachte der Böse und bleckte seine spitzen Zähne. Er ließ sein weit blickendes Auge über die Welt der Menschen schweifen. ‚Da sitzt er, dieser Nichtstuer, unter einem Baum und lächelt!'
Mara platzte schier vor Wut über die stille Freude des Buddha. Er stieß einen wütenden Schrei aus, der wie das Donnergrollen eines der schlimmsten Unwetter dröhnte, und brüllte: ‚Wolken- und Windgeister! Versammelt euch! Braut euch über diesem frechen Kerl da unten zusammen, der es gewagt hat, sich aus meiner Herrschaft zu befreien!' Pfeifend und brausend kamen Donner-, Sturm-, Gewitter- und Regenwolken herangepeitscht. Es waren die bösesten, die gemeinsten, die brutalsten Luftgeister, die es im Reich der Dunkelheit gab. Schon ein leichter Hauch von ihnen löste alptraumartige Ängste aus.
‚Regnet den kältesten Regen, der jemals auf diesen Kontinent gefallen ist, auf ihn herab!', befahl Mara und stieß erneut einen schaurigen Donnerschrei aus.
Sofort stürzten Tropfen, die scharfkantig wie Messerklingen

waren, sintflutartig aus den Wolken herab und prasselten auf den Buddha nieder. Eisige Winde tosten um ihn; es war wie ein ungeheurer Orkan, der nicht nachlassen wollte. Tag und Nacht schütteten die Wolken- und Windgeister eisigen, frostkalten Regen auf ihn hinab und hörten nicht auf mit ihrem bitterkalten, grausamen Spiel.

Da dies nun schon sieben Tage und Nächte anhielt, wurde der Schlangenkönig Mucalinda, der unter der Wurzel des Baumes wohnte, immer unruhiger. Er wollte nachsehen, was der Grund für dieses schreckliche Toben sein könnte, und warum es so kalt geworden war. Er streckte seinen Kopf aus dem Erdloch und wurde sofort von scharfkantigen Eistropfen getroffen. Erschrocken zuckte er zurück. Das war ja lebensgefährlich! Vorsichtig blinzelte Mucalinda in den Eisregen hinein und entdeckte, dass unter dem Baum ein Mensch saß. Er hatte zwar einen menschenähnlichen Körper, aber eine Ausstrahlung ging von ihm aus, so friedlich, so freundlich und zugleich so kraftvoll, dass dem Schlangenkönig sofort klar war, dass er einer der wenigen Menschen sein musste, die sich aus allen weltlichen Fesseln befreit hatten.

‚Das ist ein Buddha!', erkannte Mucalinda. ‚Ich muss ihm helfen!' Obwohl die Eiszapfen wie scharfe Krallen auf ihn niedersausten, schlängelte sich der Schlangenkönig zum Buddha hin, neigte ehrfürchtig den Kopf und schmiegte sich in sieben Ringen locker um den Erleuchteten. ‚Ich lege mich schützend um Euch', erklärte er mit metallisch klingender Stimme.

Mucalinda wärmte den ausgekühlten Leib des Buddha. Seinen großen Schlangenkopf erhob er wie eine Art Schirm über dem Haupt des Erwachten, damit Wind, Eishagel und Regen ihn nicht mehr treffen konnten.

‚Da ist ihm einer zu Hilfe gekommen!', brüllte Mara aufgeregt, der auf den Resten seines zusammengestürzten Palastes stand und in die Menschenwelt hineinblickte. Er stampfte vor Zorn so fest auf, dass im selben Moment ein Nebengebäude einkrachte. ‚Verdammt noch mal!', fluchte der Herr der Finsternis. ‚Ich kriege diesen Erleuchteten einfach nicht klein!'

Die eisigen Regen- und Sturmwolkengeister mussten unverrichteter Dinge wieder abziehen. Kaum waren sie verschwunden, schien die Sonne leuchtend und warm vom blauen Himmel. Da löste Mucalinda seinen Körper vom Buddha und verbeugte sich ehrfürchtig.

Der Erleuchtete sprach zu ihm:

‚Voller Glück ist die Stille, die von der Wahrheit
durchtränkt ist.
Voller Glück ist der Schutz, der vom Helfenwollen
durchdrungen ist.
Voller Glück ist es, nichts zu wollen.
Voller Glück ist es, die Welt als Traum zu erkennen.'

Das waren die ersten Worte, die der Buddha nach seinem Erwachen gesprochen hatte. Der Schlangenkönig erschauderte. Tränen standen ihm in den Augen, als er sich noch einmal tief verbeugte. Mucalinda bebte vor Freude, und in seinem Herzen formte sich das Versprechen, dieses Glück für sich zu finden, von dem er gerade gehört hatte.

Unter dem Baum trennten sich ihre Wege: Der Schlangenkönig tauchte wieder hinab in sein unterirdisches Reich. Der Buddha dagegen setzte einen Schritt vor den anderen und kam zu einer Straße, auf der gerade eine kleine Handelskarawane unterwegs war, die zwei Kaufleuten gehörte. Die beiden Männer kamen vom Markt, wo sie viel Geld verdient hatten. Deshalb waren sie bestens gelaunt und sangen ein Lied nach dem anderen. Plötzlich blieben die zwei Leitstiere, die den ersten Wagen zogen, wie angewurzelt stehen. Die Kaufleute brachen erschrocken ihren Gesang ab und schauten sich um.

‚Was ist los?', fragte der eine Kaufmann den anderen verwundert.

Beide zuckten mit den Schultern. ‚Keine Ahnung. Weder auf der Straße noch am Wegesrand ist jemand zu sehen.'

‚Vielleicht schleichen sich Raubtiere an?', fragte der andere und suchte den Wald ab, der sich rechts und links der Straße erstreckte.

‚D-d-d-a sch-sch-schau m-m-m-al!', stotterte der eine und deutete auf eine Stelle im Wald.

‚Ein, ein, ein … Gott?', stammelte der andere.

‚O-o-oder ein D-d-dämon?' Die Kaufleute bekamen weiche Knie. Ein überirdisch strahlendes Wesen kam auf sie zu. Seine Füße schienen den Boden nicht einmal zu berühren, und dennoch fühlten sie in jeder Faser ihres Leibes die Schritte, die es auf die Erde setzte, wie ein kleines Erdbeben.

Angst ergriff die Kaufleute, zugleich aber auch Ehrfurcht.

‚Wir müssen ihm huldigen!', flüsterte der eine Händler und ging zum Wagen, auf den sie ihre Waren geladen hatten. Er holte die kostbarsten Schalen, die sie bei sich hatten, füllte sie mit wunderbar duftendem Honigkuchen und stellte sie in einiger Entfernung vor diesem majestätischen Wesen auf den Boden. Dann verbeugten sie sich mehrmals und legten zur Bezeugung ihrer Verehrung die Hände aneinander.

Langsam schritt der Buddha auf die Gabe der Kaufleute zu, nahm sie vom Boden auf und aß die Honigkuchen. Allein seine Bewegungen und Gesten ließen den beiden Kaufleuten Schauer den Rücken hinunterlaufen. Sie waren sich immer noch nicht sicher, ob sie einen Menschen oder einen Gott vor sich hatten.
‚Es ist gut, das Beste von dem, was man hat, zu schenken. Das war wohl getan von euch', sagte der Buddha.
Die Kaufleute schlugen betroffen die Augen nieder, denn sie konnten nicht länger in das leuchtende Strahlen blicken, das von dem Wesen ausging. Voller Ehrfurcht warfen sie sich nieder und sprachen: ‚Wir wollen uns unter Euren Schutz begeben! Bitte nehmt uns auch unter den Schutz dessen, was Ihr lehrt!'

Götterbesuch

Plötzlich verstummt Herr Ananda, denn er sieht, dass sein Freund, der alte Upali, aus dem Haus von Frau Ganga kommt. Tissa und Siri rutschen nervös auf ihren Sitzen. „Hat der Buddha denn jemandem verraten, wie er so strahlend geworden ist?“, fragt Siri und hofft, dass Herr Ananda die Geschichte gleich fortsetzt.

„Nimmt er die Kaufleute unter seinen Schutz?“, will Tissa wissen. Wenn Herr Ananda nur weitererzählen würde! Die Papageienkinder plustern ihr Gefieder auf und trippeln unruhig auf dem Rücken des Elefanten hin und her. Die Hasen und der kleine Elefant wackeln mit den Ohren, und das Tigerkind peitscht nervös mit seinem Schwanz auf den Boden.

„Ich würde euch ja gerne sagen, was weiter passiert ist“, erklärt Herr Ananda. „Aber wie ihr seht, haben wir Besuch bekommen!“

„Wo?“, fragt Tissa und schaut sich um.

„Wen?“, fragt Siri und dreht sich ebenfalls um.

„Ananda!“, ruft der Fremde erfreut. „Ich habe dich schon überall gesucht! Frau Ganga hat mir gesagt, dass du hier im Garten bist. Wir wollen bald die Versammlung abhalten, bei der du unbedingt dabei sein musst.“

„Ich bin gerade mit Erzählen beschäftigt“, erklärt Herr Ananda. „Aber gut, dass du kommst, Upali. Die Kinder wollen gerne etwas über unseren erhabenen Meister, den großen Buddha erfahren. Meine Stimme lässt allmählich nach. Würde es dir

etwas ausmachen, eine Weile meine Rolle zu übernehmen?"
„Hm", der fremde alte Mann wirft einen Blick auf die seltsame Kinderschar. Er wundert sich, dass auch wilde Tiere dabei sind. Doch als er den Glanz im Baum sieht, hebt er erstaunt die Augenbrauen. Das können nur Götterkinder sein, geht es ihm durch den Kopf. Hier muss etwas Besonderes stattfinden, wenn wilde Tiere, Götter und Menschen beieinander sitzen, überlegt Herr Upali verwundert.
Neugierig mustern die Kinder den Fremden. Er sieht ganz anders aus als Herr Ananda. Sein Blick ist ernst, er hat tiefe Denkfalten im Gesicht. Sein Gewand ist auch nicht so ordentlich gebunden wie das von Herrn Ananda.
„Also gut! Aber dann kommst du mit zur Versammlung?", sagt er streng. „Natürlich, mein Freund, natürlich", erklärt sich Herr Ananda sofort dazu bereit.
„An welcher Stelle seid ihr?", fragt Herr Upali in die Runde und lässt sich unter dem Baum nieder.
„Die beiden Kaufleute haben dem Buddha Honigkuchen geschenkt. Sie haben ihn gebeten, sie unter seinen Schutz zu nehmen und unter den Schutz von dem, was er lehrt", antwortet Tissa, der sich alles fast Wort für Wort gemerkt hat.
„Gut", sagt Herr Upali, ordnet die Falten seines Gewandes und fährt mit der Geschichte fort:

„Diese beiden Kaufleute waren die ersten Schüler des Buddha, obwohl er noch gar nicht wirklich etwas gelehrt hatte. Der Buddha dachte darüber nach, ob es überhaupt eine gute Idee sei, Schüler zu haben. ‚Meine Lehre, die ich zu verkünden habe, ist zu schwierig. Keiner wird sie verstehen wollen', dachte er. ‚Es wird niemanden geben, dem ich sie beibringen

kann', überlegte er weiter. ,Menschen, Tiere und Götter, sie alle hängen zu sehr an dem Traum, den sie ihr Leben nennen. Sie sind zu sehr mit ihren Vergnügungen und Sorgen beschäftigt, als dass sie die Wahrheit hören möchten.'
Brahma, einer der mächtigsten Götter, die es im Himmel gibt, wusste von den Gedanken des Buddha. Er zögerte keine Sekunde, verließ seinen Thron und tauchte vor ihm auf, verbeugte sich tief und sprach: ,Die Welt ist verloren, Erwachter, wenn Ihr uns nicht den Weg zeigt, den Ihr gefunden habt. Sie wird ins Verderben stürzen und untergehen! Sie wird ersticken in Hass und Leid.'
,Großer Brahma', antwortete der Buddha. ,Das glaube ich auch. Die Welt ist dem Untergang geweiht, weil alle sich immer weiter in Hass, Gier, Angst und Neid verstricken und sich von Leben zu Leben immer mehr in Unwissenheit verlieren. Ich habe den Weg gefunden, wie man sich daraus befreien kann. Aber meine Lehre ist so tiefgründig, so schwierig; sie erfordert so viel Klarheit und so viel Mut. Keiner wird verstehen wollen, dass das, was man für wirklich hält, nur so viel Wahrheit hat, wie ein Traum in der Nacht. Wer wird das schon einsehen wollen?'
Betroffen sah der Gott Brahma den Erleuchteten an.
,Edler Buddha', antwortete er. ,Ich bin sicher, es gibt einige Menschen und Götter, die sind nicht weit davon entfernt, Eure Lehre zu verstehen. Nur ein paar Erklärungen, und die Wahrheit wird von ihnen erkannt werden können.'
Doch der Buddha schüttelte den Kopf.
Noch einmal versuchte Brahma, den Buddha zu überzeugen. ,Wie selten ist es, dass einer den Weg aus dem Leiden und der Macht des Todes findet. Wir stolpern im Dunkeln und im

Dickicht. Wenn Ihr uns den Weg nicht zeigt, werden wir nie einen Ausweg finden. Zeigt ihn uns, Erhabener. Einige von uns werden ihn verstehen!‘

‚Hm‘, sagte der Buddha und schwieg.

‚Bitte, edler Buddha! Helft uns!‘, Brahma kniete sich vor ihm nieder.

Da spürte der Erleuchtete, wie ernst der Gott es meinte. Dennoch schwieg er. ‚Behaltet Euer Wissen nicht für Euch“, bat Brahma noch einmal.

Der Buddha zögerte. ‚Vielleicht …‘, Er überlegte, wer denn nur noch einen kleinen Anstoß brauchen könnte, um seine Lehre zu begreifen. Nach einigem Nachdenken fielen ihm Uddaka und Kalama ein. Diese waren schließlich in der Meditation schon sehr weit fortgeschritten. Kaum hatte er diesen Gedanken zu Ende gedacht, da erklärte ihm Brahma, dass der berühmte Kalama vor sieben Tagen gestorben sei und der verehrte Uddaka vor wenigen Stunden.

‚Wer käme sonst noch in Frage?‘ Der Buddha erinnerte sich jetzt an seine fünf Asketengefährten. Zu diesen wollte er gehen und ihnen als Ersten seine Einsichten darlegen. Brahma spürte, dass der Buddha sich entschlossen hatte, seine Lehre weiterzugeben. Überglücklich zog er sich in seinen Himmel zurück.

Der große Lehrer

Überrascht blickten die fünf Asketen auf, als sie ihr früheres Vorbild kommen sahen.
‚Schau an, da kommt Siddhartha!', murmelte der Älteste.
Der Zweitälteste räusperte sich und benetzte seine trockenen Lippen: ‚Hat wohl schon wieder genug vom Essen …'
‚Wird wohl gemerkt haben, dass unser Weg der einzig Richtige ist', erwiderte der Älteste.
‚Wir tun so, als sehen wir ihn nicht', schlug der Zweitälteste vor.
‚Gute Idee …', meinten die drei anderen mit Flüsterstimmen. Sie waren zu schwach, um laut zu reden.
‚Mit Versagern wollen wir nichts zu tun haben', bekräftigte der Älteste und verschränkte seine dürren Arme vor der knochigen Brust.
‚Er strahlt wie die Sonne!', krächzte der Zweitälteste verwundert.
‚Der Boden bebt, wenn er geht!' Die Männer trauten ihren Augen nicht. Sie strengten sich an genau hinzusehen. Tatsächlich war ein Strahlen um Siddhartha herum, das den ganzen Wald zu durchdringen schien. Wie von einer unsichtbaren Kraft angezogen, gingen die Asketen auf ihn zu und verbeugten sich ehrfurchtsvoll.
‚Möchte der Strahlende sich setzen?', fragte einer der Fünf voller Hochachtung. Er traute sich nicht, ihn direkt anzusprechen. Zu fremdartig, zu Ehrfurcht gebietend, zu majestätisch war die Ausstrahlung des Buddha.

Das Leuchten, das von seinem Körper ausging, war wie eine Sonne, die die Herzen der Lebewesen erhellt. Den fünf Asketen traten Tränen in die Augen. Eine tiefe, nie gefühlte Liebe wuchs plötzlich in ihnen.
Der Buddha nahm auf dem Sitz Platz, den sie ihm bereitet hatten.
‚Ich bin gekommen, um euch darzulegen, was ich erkannt habe. Ihr sollt die Ersten sein, die meine Lehre hören. Ich bin gekommen, Befreiung zu bringen aus dem Meer von Leiden, das alle Wesen umspült, in dem sie ertrinken und verloren gehen. Ihr sollt die Ersten sein, denen ich den Weg zum Erwachen, zur wahren Wirklichkeit zeige.'
Die fünf Asketen neigten die Häupter. Immer noch pulsierte das leuchtende Licht um ihren ehemaligen Gefährten.

‚Ich habe Folgendes erkannt.' So begann der Erhabene seine erste Lehrrede und seine Stimme erhob sich bis zum Himmel und schallte noch darüber hinaus. Es war, als stünde die Zeit still. ‚Es gibt zwei Extreme, die sicherlich nicht ans Ziel führen. Das eine ist, sich allein dem Vergnügen und dem Genuss hinzugeben, ohne weiter nachzudenken. Das andere ist die Askese, sich selbst quälen, wie wir es gemeinsam geübt haben.'
Der Wind brauste auf und trug viele Blüten mit sich, die jetzt sanft auf den Buddha nieder regneten, als er fortfuhr:
‚Vier Dinge habe ich weiter erkannt, die immer schon wahr waren, die immer wahr sind und die immer wahr bleiben werden.
Erstens: Es gibt nichts auf der ganzen Welt, das für immer Glück, Freude und Vollkommenheit geben kann. Kein Besitz kann uns restlos glücklich machen, kein gutes Gefühl bleibt

ewig. Wenn wir reich sind, können wir unser Vermögen verlieren, wenn wir gesund sind, können wir krank werden und sterben.

Zweitens: Es gibt Ursachen dafür, dass in der Welt kein vollkommenes, ewiges Glück zu finden ist. Selbst wenn wir uns alle Wünsche erfüllen könnten, würden wir nicht wirklich zufrieden sein. Denn es würde nie aufhören, dass wir etwas haben wollen. Weil wir nicht wissen, dass die Welt wie ein Traumgebilde ist, jagen wir dem falschen Glück nach, das keine Erfüllung bringt. Wir lassen uns durch unser Haben-Wollen in die Irre führen und bleiben dadurch in diesem Traum gefangen.

Drittens habe ich die wahre Wirklichkeit entdeckt, die das vollkommene Glück in sich trägt und nicht abhängig ist von der Erfüllung von Wünschen. Sie ist wirklicher als das Luftschloss, das wir Leben nennen, und sie ist mächtiger als das Ende des Lebens, das wir Tod nennen. In dieser wahren Wirklichkeit sind Haben- und Seinwollen ganz zur Ruhe gekommen. Vollkommener, innerer Frieden ist an ihre Stelle getreten, voller Klarheit und Wachheit.

Und viertens gibt es zu dieser vollkommenen Wirklichkeit einen Weg, auf den ich euch führen kann, den edlen achtfachen Pfad. Er beginnt mit Wissen und geht weiter mit guten Taten, guten Worten und guten Gedanken und endet in der machtvollen Stille der Meditation.'

Die fünf Asketen spürten, dass in den Worten des Buddha eine Macht lag, die überwältigend war und über all das hinausging, was sie in ihrem Leben bisher kennengelernt hatten. Sie konnten sich der Kraft dieser Wahrheit nicht entziehen. So sah also einer aus, der von unbegrenztem Wissen erfüllt war! So wirkte einer, der von vollkommenem Glück erfüllt war!

Regenbogenfarbenes Licht spielte um seinen Körper. Seine Stimme klang frei und rein. Es war der schönste Laut, den sie jemals gehört hatten.
Als der erhabene Buddha die letzten Worte gesprochen hatte, bebte plötzlich die Erde. Es war mehr wie ein Aufjauchzen, mehr wie eine Welle, die über die Erde rollte, die durch die Himmel und durch alle Welten rauschte und Freude, Glück und Kraft mit sich brachte. Und dann …"

„ …fielen auch ganz viele Blumen wie Regen vom Himmel!", unterbricht Tissa den fremden Alten. „Ein großer Blumenregen, und das war der vierte!", aufgeregt springt der kleine Junge auf und klatscht begeistert in die Hände.
Herr Upali schaut Tissa verwundert an.
„Ja, stimmt, es hat Blumen geregnet. Aber warum freut dich das so?"
Herr Upali runzelt die Stirn.
„Weil wieder etwas passiert ist, das man nicht mitdenken kann", antwortet Tissa prompt.
„Nicht mitdenken?" Herrn Upalis Blick wird ernster.
„Was heißt hier ‚nicht mitdenken'?"
„Es gibt diese Erdbeben nur, wenn etwas geschieht, was mehr ist als Denken. Das hat uns Herr Ananda erklärt."
„Hm", Herrn Upalis Augenbrauen heben sich. Man sieht deutlich, dass er Tissas Bemerkung nicht ganz versteht.
„Willst du nicht weitererzählen?", ermuntert Herr Ananda seinen Freund. Er weiß, wenn Upali erst einmal anfängt mit Nachdenken, dann kann es eine Weile dauern. Denn Upali ist bekannt für seine Ernsthaftigkeit, Tiefgründigkeit und Genauigkeit.

„Oh ja! Bitte!!!“ Siri schaut Herrn Upali erwartungsvoll an.
In diesem Moment tritt Frau Ganga in den Garten. „Ich störe ungern, aber Herr Anuruddha will nicht länger warten!“, ruft sie den beiden älteren Herren zu.
„Tut mir Leid, Kinder.“ Herr Upali erhebt sich und reicht Herrn Ananda die Hand, um ihm beim Aufstehen zu helfen. „Wichtige Gespräche warten auf uns!“
„Haben Sie vielleicht morgen wieder Zeit, Herr Ananda?“, traut sich Siri zu fragen.
„Ich hoffe es, Siri, ich hoffe es!“, antwortet er und geht von Herrn Upali gestützt durch den Garten in Richtung Haus.
Unschlüssig sehen die Kinder sich an. „Und was machen wir jetzt?“
Das Tigermädchen tappt schnurrend auf Siri zu. Wie ein Katze schmiegt sie sich an. Der kleine Elefant dagegen scheint etwas gehört zu haben. Seine Ohren sind aufmerksam in die Richtung der kleineren Gebäude gerichtet. Plötzlich hebt er den Rüssel und stößt einen Prustelaut aus.
„Was ist los?“, fragt Tissa neugierig.
Als Antwort schlingt der Elefant seinen Rüssel um Tissas Bein und zieht ihn auf die kleineren Gebäude zu.
„Ist da etwas?“, fragt Siri. Jetzt spitzt auch das Tigermädchen die Ohren, ebenso die Hasen. Aufgeregt spreizen die kleinen Papageien ihre bunten Flügel und flattern in den Baum.
„Vielleicht sollten wir mal nachsehen?“, schlägt Siri vor.
Als ob er nur darauf gewartet hätte, setzt sich der kleine Elefant in Bewegung. Siri, Tissa und das Tigermädchen folgen. Die Hasen bleiben versteckt zwischen den roten Blumen unter dem Baum zurück.
Zielsicher steuert der Elefant auf den Stall zu. Wahrscheinlich

der, in dem er heute Nacht geschlafen hat, geht es Siri durch den Kopf. Wo wohl der Junge ist, der die Tiere versorgt hat? Ihr fällt sein Name nicht mehr ein.
Schon ist der Dickhäuter im Stall verschwunden. Es riecht nach trockenem Gras, das den Boden bedeckt. Ziemlich dunkel ist es hier, außer durch die Stalltür fällt kein Licht. Plötzlich raschelt es in einer der dunklen Ecken.
Siri und Tissa bleiben stehen. Siri nimmt das Tigermädchen auf den Arm. Der Elefant geht auf das Geräusch zu.
„Was willst du denn von mir?“, ertönt plötzlich eine ältere Frauenstimme.
„Soll ich mitkommen?“, fragt sie weiter.
Wenige Augenblicke später kommt der kleine Elefant aus dem Stall heraus, gefolgt von einer alten Frau, die ein gelbliches Gewand anhat.
„Oh, da sind Kinder!“, ruft sie überrascht. „Ich dachte, bei Frau Ganga gäbe es keine Kinder!“
Der Elefant hat seinen Rüssel um das Handgelenk der fremden Frau gelegt und zieht sie hinter sich her in Richtung Baum.
„Er will, dass Sie uns weitererzählen!“, ruft Tissa und freut sich.
„Erzählen?“
Schnell erklären Siri und Tissa, wer sie sind und warum sie sich überhaupt im Garten von Frau Ganga aufhalten.
„Das ist aber sehr nett von Herrn Ananda, dass er sich dazu bereit erklärt hat!“ Sie strahlt über das ganze Gesicht. „Ich bin erst heute früh angekommen. Die ganze Nacht war ich unterwegs. Ich wollte niemanden stören, deshalb bin ich einfach in den Stall gegangen, um mich im Stroh etwas auszuruhen.

Zum Glück war gerade Vollmond. Deshalb war die Nacht hell, und ich habe den Weg gut gefunden. Ich heiße übrigens Bhadda und bin eine Schülerin des großen Buddha. Viele Jahre schon ziehe ich im Land umher und bringe den Menschen seine Lehre nahe." Ihr Blick fällt auf das Geäst des Baumes, das glänzt wie ein von der Sonne beschienener See. „Götterkinder sind also auch gekommen", murmelt sie, und laut fährt sie fort: „Nun ist der Erhabene, unser bester Lehrer von uns gegangen ..."

„Aber Sie sehen gar nicht traurig aus", wundert sich Siri. „Unsere Eltern haben ganz viel geweint. Und sie sind nicht die Einzigen. In der Stadt gibt es sehr viele, die den Tod des Buddha beweinen."

„Ja, ich weiß", antwortet Frau Bhadda. „Aber es gibt ein Gesetz, das gilt bei den Tieren, bei den Menschen und bei den Göttern: Alles, was entstanden ist, zerfällt. Alle, die geboren sind, müssen sterben. So auch der Erleuchtete."

„Trotzdem sind Sie nicht traurig?", fragt Siri nach.

„Wem nützt es, wenn ich weine?"

„Hm." Siri denkt nach. Auch der Elefant zieht seine Stirn in krause Falten. „Erzählen Sie uns die Geschichte weiter?", bittet Tissa die fremde Frau Bhadda.

„Da kann ich wohl nicht nein sagen." Frau Bhadda lacht und zeigt dabei ihre ungewöhnlich schönen weißen Zähne.

„Wo seid ihr stehen geblieben?"

Goldene Stiefel im grünen Wald

„Einige Zeit blieb der Buddha mit seinen fünf ersten Schülern in dem Wäldchen, das der Tierpark Isipatana genannt wird. Ganz in der Nähe davon befand sich ein Villenviertel, dort hatten reiche Kaufleute ihre Häuser gebaut, die von großen, wunderschönen Gärten umgeben waren. In einem davon wohnte Yasa, ein verwöhnter, junger Mann, dem seine Eltern jeden Wunsch von den Lippen ablasen. Schon als Kind hatten sie ihm alles geschenkt, was er haben wollte: zum Beispiel hatte er als Fünfjähriger einen Teich bekommen, in dem nur er baden durfte; als Achtjähriger einen jungen Reitelefanten; als Zwölfjähriger ließ ihm der Vater ein eigenes Haus mit prachtvollen Zimmern errichten, und als 15Jähriger hatte er schon fünf Diener, die sich ausschließlich um sein Wohl zu kümmern hatten.

Gerade war sein 17. Geburtstag gefeiert worden. Das Fest hatte eine Woche lang gedauert, Musikanten, Tänzerinnen, Jongleure, Akrobaten und Geschichtenerzähler waren eingeladen gewesen, man hatte gelacht, getanzt, gegessen und getrunken. Am letzten Abend des Festes hatte Yasa keine Lust mehr gehabt, weiter zu feiern und sich in ein kleines Gartenhäuschen am Rande des Gartens zurückgezogen. Obwohl das Fest noch in vollem Gang war und das ausgelassene Lachen, Jauchzen und Singen der vielen Gäste laut an seine Ohren drang, war er gleich eingeschlafen. Dementsprechend früh war er am nächsten Tag aufgewacht. Die Sonne ging gerade

auf und tauchte alles in ein märchenhaft zartes Licht. Der junge Mann rieb sich erstaunt die Augen.
So zeitig war er schon seit Jahren nicht mehr aufgestanden, und dass ein Morgen so friedlich und zugleich strahlend frisch und vielversprechend war, das hatte er schon ganz vergessen. Sein Magen knurrte, und er hatte Durst. Deshalb zog er sich schnell seine goldenen Stiefel an und lief hinüber zum Haupthaus seiner Eltern. Die Türen zum Garten standen weit offen, und lautes Schnarchen drang an sein Ohr.
Als er das Haus betrat, schaute er sich angewidert um. Über den ganzen Teppich verstreut lagen die Gäste, als ob sie einfach umgefallen wären. Der Geruch von Alkohol erfüllte den Raum, einige Krüge waren umgekippt, und ihr Inhalt hatte sich über den Teppich ergossen. Ihm wurde schlecht - nicht nur von dem Geruch, sondern weil ihm bewusst wurde, dass er bis gestern auch einer von denen gewesen war, die sich völlig betrunken einfach irgendwohin gelegt hatten und eingeschlafen waren.
Der Appetit auf Essen und Trinken war ihm vergangen. ‚Ich muss hier weg!', ging es ihm durch den Kopf und er stürzte aus dem Haus. Plötzlich sah er zu seinen Füßen etwas aufblitzen. Er blieb stehen, bückte sich und hob einen vergoldeten Stift auf. ‚Oh, nein! Das Bild!', stöhnte Yasa und erinnerte sich an den hochgelobten Maler, den sein Vater extra zu seinem Geburtstag bestellt hatte, um Vorzeichnungen von ihm zu machen. Wenn es fertig war, sollte dieses Gemälde im Geschäftshaus der Familie aufgehängt werden, als Zeichen dafür, dass er nun bald in die Fußstapfen seines Vaters treten und ebenfalls ein erfolgreicher Kaufmann werden würde.
Nun kamen zur Übelkeit auch noch Kopfschmerzen hinzu.

‚Ich habe keine Lust auf Geschäfte, und sowieso stinkt mir alles!', fluchte Yasa, verließ den Garten seines Elternhauses und rannte halbblind vor Wut, Ekel und Kopfschmerzen den Waldweg im Tierpark entlang.

Fast wäre er mit einem anderen Frühaufsteher zusammengestoßen, der um diese Uhrzeit seinen ersten Spaziergang machte.

‚He, was soll das? Was läufst du mir in den Weg?', schimpfte der junge Mann, stolperte und versuchte das Gleichgewicht zu halten. Da bemerkte er ein unglaubliches Strahlen, das von dem Fremden ausging. Er riss sich zusammen und sagte höflich: ‚Äh, Entschuldigung, wenn ich Sie fast umgerannt habe. Ähm ... Darf ich fragen, wer Sie sind?' Er verbeugte sich vor dem Unbekannten und betrachtete ihn neugierig. Eine majestätische Würde ging von ihm aus, sodass Yasa sich fragte, ob er vielleicht einen Waldgott getroffen hatte.

‚Früher nannte man mich Prinz Siddhartha, ich lebte in einem großen Palast und sollte König werden. Ich hatte alles, was mein Herz begehrte; als Kind besaß ich unübersehbare Mengen von Spielsachen, als junger Mann feierte ich rauschende Feste. Doch ich ließ dieses Leben im Überfluss hinter mir und wurde ein Bettelmönch. Heute nennt man mich den Erwachten'.

Diese Antwort fand Yasa sehr rätselhaft, gleichzeitig fühlte er die wohltuende Ruhe und Zufriedenheit, die von dem Mann in dem gelblichen Gewand ausgingen. ‚Anscheinend ist er ähnlich aufgewachsen wie ich', überlegte er, ‚er hätte sogar König werden können.' Der Kaufmannssohn war verwirrt.

‚Komm, setzen wir uns!', forderte der rätselhafte Fremde ihn auf und deutete auf das weiche Gras.

Yasa war so durcheinander, dass er einfach tat, was ihm gesagt wurde. Er zog seine goldenen Stiefel aus und nahm Platz.
‚Nur selten begreift jemand, der reich ist, dass er sein Leben mit leeren Vergnügungen vergeudet', begann der Buddha.
Der junge Mann zitterte. Angesichts dieser Worte kam ihm sein Leben wie ein Haufen stinkender Mist vor. Sinnlos und leer, öde und unnütz. Am liebsten würde er auf der Stelle umfallen und sterben, dann hätte sein Unglück ein Ende.
‚Es ist ein wichtiger Schritt, das zu erkennen. Vielleicht der wichtigste.'
Yasa sah ihn mit großen Augen an. ‚Und was kommt als Nächstes?', fragte er, überrascht, dass er sich auf dieses Gespräch einließ. Seine Kopfschmerzen wurden schwächer, und auch die Übelkeit legte sich etwas.
‚Der nächste Schritt hat mit der Frage zu tun, was überhaupt ein sinnvolles Leben ist', antwortete der Buddha.
Der Kaufmannssohn zuckte mit den Schultern und schwieg ratlos. Sein Leben war von Kindheit an nur Spaß gewesen. Doch das war sicher nicht die richtige Antwort, das spürte er sehr wohl. Schweigend starrte er auf seine goldenen Stiefel, die im Licht der Morgensonne glitzerten.
Inzwischen hatte man in der Villa das Verschwinden Yasas bemerkt. Der Vater war außer sich vor Sorgen, er befürchtete, dass sein Sohn entführt worden war. Es war nämlich in letzter Zeit öfter vorgekommen, dass die Kinder reicher Familien geraubt und erst für viel Geld wieder freigelassen wurden. ‚Wenn sie unserem Sohn etwas antun!', rief er ängstlich und raufte sich die Haare.
‚Dann ist unsere Zukunft ruiniert!', weinte die Mutter, ‚er ist doch unser einziges Kind!'

‚Bleib du hier', sagte der Kaufmann zu seiner Frau, ‚falls die Entführer sich melden. Ich werde versuchen, ihn aus den Händen der Räuber zu befreien!'
Aufgeregt lief der Vater in Richtung Tierpark. Als er dort den Buddha unter einem Baum sitzen sah, blieb er atemlos vor ihm stehen. ‚Habt Ihr vielleicht meinen Sohn gesehen?', fragte er. ‚Oder eine Bande von Entführern?', fügte er schnell hinzu.
‚Wenn Ihr Euch hier neben mich setzt, dann werdet Ihr ihn bald sehen', erklärte der Erwachte. Es lag soviel Zuversicht und Bestimmtheit in seiner Stimme, dass Yasas Vater sich ohne zu zögern niederließ. Er war dankbar für eine kleine Pause.
‚Ihr liebt Euren Sohn wohl sehr?', fragte der Buddha.
‚Ja!', bestätigte der Vater. ‚Ich habe ihm drei große Häuser gebaut. Jeden Wunsch, den er hatte, habe ich ihm erfüllt. Ich möchte, dass er den Reichtum genießt, den wir ihm geben. Außerdem soll er ihn später vermehren, so wie auch ich es getan habe', erklärte er nicht ohne Stolz.
‚Reichtum macht nicht wirklich glücklich', sagte der Buddha mit sanfter Stimme. Erschrocken sah der Kaufmann ihn an.
‚Ich weiß, dass Ihr das längst ahnt', sprach der Buddha weiter.
Der Vater wurde bleich. Es stimmte, was der Fremde sagte. Im Grunde genommen war ihm das schon lange klar, aber er hatte nicht darüber nachdenken wollen.
‚Wer nur Geld und Dinge ansammelt, wird am Ende immer noch mehr haben wollen. Aber wer lernt zu geben und das, was er hat, mit anderen zu teilen, der ist wirklich glücklich.'
Jetzt war Yasas Vater ganz weiß im Gesicht und starrte den Unbekannten fassungslos an.
‚Dass Euer Sohn alles, was er wollte, bekommen hat, hat ihn nicht wirklich zufrieden gemacht. Er ist rastlos und verzweifelt

einem Vergnügen nach dem anderen hinterhergejagt, um das Gefühl der Leere und Sinnlosigkeit zu betäuben.'

Dem Kaufmann traten Tränen in die Augen, als er antwortete: ‚Ja, ich spüre das schon lange.' Nun konnte er nicht mehr daran vorbei sehen. Er sah den Buddha verzweifelt an: ‚Aber was soll ich denn tun?'

‚Ich bin sicher, Ihr kennt die Antwort längst', sagte der Buddha sanft und fuhr fort:‚Am besten besprecht Ihr dies mit Eurem Sohn.'

‚Aber er ist entführt worden!', schluchzte der Kaufmann.

‚Nein, er hat unser Gespräch mitangehört, ich habe ihn nur unsichtbar gemacht', erwiderte der Buddha, hob die Hand und der Vater konnte ihn sehen.

Yasa betrachtete ihn ernst, dann sagte er: ‚Es stimmt, was der Erwachte sagt. Ein Leben, wie wir es führen, ist ein vergeudetes Leben.'

Der Vater nickte, Tränen liefen ihm über das Gesicht, als er fragte: ‚Was willst du jetzt tun?'

‚Dem Rat des Erwachten folgen und mit unserem Besitz etwas Sinnvolles anfangen. Den Armen davon geben, denen, die krank sind und leiden, helfen, dass sie gesund werden. Ich will mich lieber um andere kümmern, denen es schlechter geht als mir, als nur unser Geld zu vermehren. Das ist es doch, was einen glücklich macht?', fragend sah er den Buddha an.

‚Fühlst du die Antwort nicht schon in dir?'

Yasa nickte, erhob sich schweigend, es war ihm, als ob er die ganze Zeit nur im Dunkeln gelaufen wäre, und als sei plötzlich einer gekommen und hätte Licht angezündet. Er fiel vor dem Buddha auf die Knie und sagte: ‚Bitte nehmt mich als Euren Schüler an!'

Dem Vater ging es ebenso wie seinem Sohn. Er spürte deutlich, dass dieser Fremde einen Weg gefunden hatte, der zu wirklichem Glücklichsein führte. Deshalb kniete auch er nieder und bat darum, als Schüler angenommen zu werden. Die beiden luden den Buddha ein, mit zu ihnen nach Hause zu kommen. Als Yasas Mutter sah, dass der Vater den Sohn gefunden hatte, eilte sie ihnen überglücklich entgegen. Doch das Glück, den verloren Geglaubten wiederzuhaben, verblasste in der Gegenwart des Mannes, den die beiden mitgebracht hatten. Sie senkte den Kopf und sagte: ‚Wer auch immer Ihr seid, Ihr lebt die Wahrheit. Zeigt uns den Weg dorthin!'

Der berühmte Feueranbeter

Nach einigen Tagen beschloss der Buddha weiterzuziehen. Inzwischen war die Schar seiner Anhänger auf ungefähr 60 angewachsen. Mit ihnen zusammen machte er sich auf den Weg.
Bald kamen sie in eine Gegend in der Nähe der Stadt Uruvela. Dort lebte ein fast hundertjähriger Mann, Kassapa mit Namen, der ein weithin bekannter Asket und Feuerpriester war. Er führte eine große Gemeinschaft an, die voller Verehrung für die Kraft und Macht des Feuers war. Trotz seines hohen Alters unterrichtete Kassapa täglich seine Schüler, hielt Zeremonien ab und schien noch viele Jahre vor sich zu haben. Seine Anhänger glaubten, dass er eine Art Heiliger sei und dass er die Erleuchtung erlangt hatte. Auch er selbst war davon überzeugt.
Der Buddha machte sich zu ihm auf und bat darum, dass er und seine Schüler einige Zeit bei ihm in seinem Feuerhaus bleiben dürften. ‚Natürlich darfst du mit deinen Begleitern hier bleiben', erwiderte der Feuerpriester großzügig. ‚Leider wohnt in meinem Feuerhaus ein gefährlicher Schlangengott. Er besitzt übernatürliche Kräfte, und in seinen Zähnen ist ein tödliches Gift verborgen. Ein Biss von ihm, und du bist tot! Deshalb will ich dir das Haus lieber nicht als Bleibe anbieten.'
‚Der Schlangenkönig wird mir nichts antun, sei unbesorgt', erwiderte der Buddha. ‚Wenn du erlaubst, würde ich gerne die Nacht in deinem Feuerhaus verbringen', bat er höflich.

‚Nur zu', antwortete Kassapa, ‚wenn du unbedingt dein Leben riskieren willst! Ich habe dich jedenfalls gewarnt!'

Als es dunkel wurde, richtete man dem Buddha im Feuerhaus aus Gras eine Ruhestätte her. Der Schlangenkönig hatte den Eindringling natürlich sofort bemerkt. Dass einer es wagte, sich in seinem Haus eine Ruhestätte herrichten zu lassen, machte ihn zornig. Zischend schlängelte er sich an den Buddha heran und stieß eine große, schwarze Rauchwolke aus. Der Buddha begriff, dass dies ein kampfgewohnter Schlangenkönig war, dem man nicht alleine mit Worten begegnen konnte. Er beschloss, sich auf einen Wettstreit einzulassen.
Als der Rauch, den der Schlangenkönig ausgestoßen hatte, ihn fast vollständig einhüllte, wurde es stockdunkel. Da öffnete der Buddha seinen Mund und stieß seinerseits eine große, schwarze Rauchwolke aus.
Der Schlangenkönig war erbost. ‚Was wagst du, dich mit mir anzulegen?', zischte er. ‚Ich, der Mächtigste aller Schlangenkönige, der die Macht über das Feuer besitzt, werde dich das Fürchten lehren!'
Im nächsten Moment blitzte es grell auf, und sein ganzer Schlangenleib loderte. Helle Flammen züngelten nach dem Buddha. ‚Verbrenne, du erbärmlicher Mensch!', rief er und lachte heiser.
Doch das beeindruckte den Buddha nicht, und er antwortete in der Flammensprache, indem er Funken sprühendes Feuer zurückschleuderte.
Vor dem Haus hatte sich eine Menschenmenge im Abstand von hundert Metern versammelt. Näher konnte man nicht heran, sonst wäre man verglüht. Viele weinten, denn sie

waren sich sicher, dass das gefährliche Schlangenwesen den Buddha getötet hatte. Vielfarbige Flammen züngelten die ganze Nacht aus dem Haus hervor. Die Hitze, die das Haus umgab, schien von Stunde zu Stunde zuzunehmen. Kein Mensch konnte eine solche Flammenhölle überleben!

Schließlich graute der Morgen. Am Horizont ging die Sonne auf, die Flammen des Feuerhauses verblassten vor dem heller werdenden Tag. Traurig standen die Menschen da und warteten, bis das Haus abgekühlt war. Sie wollten dem Buddha eine würdige Begräbnisfeier ausrichten.

Plötzlich öffnete sich knarrend die Tür. Alle starrten zum Flammenhaus, denn den Schlangenkönig hatte noch keiner mit eigenen Augen gesehen. Es war nicht üblich, dass er Gestalt annahm und sich zeigte.

Doch es war der Buddha, der völlig unbeschadet aus dem Haus kam. In der Hand hielt er seine Almosenschale.

‚Äh, äh, wo, wo', stotterte der alte Feuerpriester, der seinen Augen nicht traute. ‚Wo ist d-d-denn d-d-d-er Schl-an-gen-könig?'

Der Buddha ging gemächlich auf Kassapa zu und reichte ihm seine Almosenschale. ‚Hier hast du den Schlangenkönig. Ich habe seine Feuerkraft besiegt'.

Mit zitternden Händen nahm der alte Mann die Schale entgegen und starrte auf die kleine dunkelrote Schlange, die eingerollt darin lag.

Er brauchte einige Augenblicke, bis er begriffen hatte, was passiert war.

‚Wunderbare Kräfte nennst du dein eigen. Bitte bleibe bei uns, so lange es dir beliebt!', rief er und verbeugte sich vor ihm. Er reichte die Almosenschale an die, die neben ihm standen, weiter.

Wie ein Lauffeuer verbreitete sich die Neuigkeit, dass der Buddha den gefürchteten Schlangenkönig besiegt hatte. Die, die es nicht mit eigenen Augen miterlebt hatten, konnten es kaum glauben, denn dessen Gefährlichkeit war überall bekannt. Kassapa zerbrach sich den Kopf, wie es dem Buddha gelungen sein konnte, dieses mächtige Wesen zu besiegen. Er selbst hatte sich sein ganzes Leben lang nie in das Innere des Feuerhauses getraut, obwohl er doch der oberste Priester des Feuerkultes war.

‚Wahrscheinlich beherrscht er sehr wirkungsvolle Zaubersprüche, mit denen er den Schlangenkönig in magische Fesseln gelegt hat', überlegte der alte Feuerpriester. ‚Ich muss aufpassen, dass er dasselbe nicht auch mit mir versucht!'

Einige Tage später trafen Kassapa und der Buddha zufällig am Ufer des Flusses zusammen, wo der alte Mann gerade ein Bad genommen hatte und sich auf einem Stein sitzend sonnte.

‚Oh, da kommt der junge Zaubermeister!', begrüßte Kassapa den Buddha.

‚Übst du am Fluss deine Feuerzaubersprüche, damit du gleich das Wasser zum Löschen in der Nähe hast?', fragte er neugierig.

Der Buddha lachte. ‚Wie kommst du darauf?'

Der Feuerpriester zwinkerte mit den Augen. ‚Es muss ein sehr machtvoller Zauberspruch gewesen sein, mit dem du den Schlangenkönig in die Bettelschale gezwungen hast. Und dann auch noch in Gestalt einer winzigen kleinen Schlange!'

Der Buddha sah ihm offen ins Gesicht: ‚Der Schlangenkönig

und ich, wir haben unsere Kräfte gemessen, nicht durch Zauberei habe ich ihn bezwungen, sondern durch die Macht meines Geistes!'

,Was für ein eingebildeter Schnösel!', dachte der Alte, laut aber sagte er: ,So, so. Ich hoffe, du hast nicht vor, auch mich in eine Almosenschale zu verbannen?'

„Uruvela Kassapa, welche Befürchtungen treiben dich um?', fragte der Buddha mit sanfter Stimme. Den Feuerpriester beunruhigte das nur noch mehr. Er hatte schon bemerkt, dass einige seiner Schüler diesem jungen Mann bewundernde Blicke zuwarfen, und er befürchtete tatsächlich, dass sie diesen jungen Schlangenkönigbezwinger für den besseren Lehrer halten könnten.

,Ich gehe noch ein bisschen am Ufer spazieren', meinte der Buddha, ,grüble nicht zu viel!'

Ärgerlich sah der alte Priester ihn an. ,Ich grübele überhaupt nicht! Warum sollte ich? Vielmehr habe ich mir gerade überlegt, dass ich dich zu dem wichtigen Feuerfest einladen möchte, das heute Abend stattfindet. Erweise mir die Ehre und sei mein Gast!'

,Danke für die Einladung, ich werde sehen, ob ich kommen kann', erwiderte der Buddha und ging gemächlich zum Flussufer.

Zerknirscht sah Kassapa ihm nach.

Der alte Feuerpriester war erleichtert, als der Platz für seinen Gast am Abend leer blieb. So konnte er es genießen, allein im Mittelpunkt der Aufmerksamkeit und Ehrerbietung seiner Schüler zu stehen.

Am nächsten Tag traf er den Buddha und sagte: ‚Schade, dass du bei unserem Feuerfest nicht teilgenommen hast! Ich hatte dir neben mir einen schönen Sitz freigehalten. Als du nicht gekommen bist, habe ich dir eine Portion von dem köstlichen Festessen aufheben lassen. Ich hatte gehofft, du würdest vielleicht später kommen'.
‚Du weißt, dass das nicht stimmt', antwortete der Buddha mit ruhiger Stimme.
Kassapa starrte ihn an. Diese Antwort verschlug ihm die Sprache.
‚Du weißt auch, dass deine Heiligkeit nicht so groß ist, wie du es gerne hättest. Dein Herz ist von vielen neidischen Gedanken erfüllt. Dein Benehmen ist alles andere als vorbildlich, und deinen Worten fehlt jede tiefere Weisheit.'
Der alte Feuerpriester wurde erst rot im Gesicht, dann weiß. Ein Zittern lief durch seinen Körper. Er rang um Fassung.

Schließlich senkte er den Blick. ‚Du hast Recht. Ich bin kein wirklich guter Lehrer. Es gibt viele Schwachstellen bei mir, die ich nicht wahrhaben will. Lass mich deshalb dein Schüler werden', sagte er kleinlaut.
Der Buddha antwortete: ‚Bevor du diesen Schritt tust, frage erst deine Schüler, ob sie es auch wollen, und ob sie auch meiner Lehre zu folgen wünschen.'
Kassapas Schüler waren sofort einverstanden. Schon lange hatten sie gehofft, dass es so kommen würde. Doch ihnen war auch klar gewesen, dass ihr alter Meister sehr stolz war und es schwer für ihn sein würde, zuzugeben, dass er kein so hervorragender Mensch und Lehrer war, wie er zu sein glaubte."

Frau Bhadda hält inne und schaut die Kinder an, die gebannt an ihren Lippen hängen. Als sie nicht weiterspricht, meint Siri nachdenklich: „Ich kann den Feuerpriester gut verstehen. Mir ist es auch schon so gegangen. Als Tissa viel leichter lesen und schreiben gelernt hat als ich, da war ich unglaublich wütend und neidisch."

„Ehrlich?" Tissa sieht seine Schwester betroffen an.

Siri nickt und schaut Hilfe suchend zu Frau Bhadda. Die kann das Mädchen verstehen.

„Jeder kennt solche Gefühle, glaube ich."

Ein zustimmendes Krächzen der Papageien und Ohrenwackeln der Hasen bekräftigen ihre Worte.

„Leider muss ich hier erst einmal mit dem Erzählen aufhören. Ich habe Herrn Ananda versprochen, heute im Stadthaus eine Rede zu halten. Die warten sicherlich schon auf mich!"

„So ein Mist!", schimpft Tissa. „Es ist gerade so spannend!"

Die Papageien fliegen aufgescheucht in den Baum und stoßen Protestlaute aus. Auch das Elefantenkind schnauft missmutig.

„Dann geht die Geschichte ja erst morgen weiter", sagt Siri unglücklich und schaut Frau Bhadda nach, wie sie im Haus von Frau Ganga verschwindet.

Viele Überraschungen und ein neuer Morgen

„Was jetzt?" Tissa sieht den kleinen Elefanten fragend an. „Ob hier noch jemand ist, der uns die Geschichte weiter erzählen könnte?"
Der Elefant lässt den Rüssel und die Ohren hängen. Eine eindeutige Antwort.
„Dann gehen wir eben nach Hause und kommen morgen früh wieder", schlägt Siri vor. „Euch beide bringen wir bei diesem Tierpfleger unter. Wie heißt er doch gleich?"
„Nandiya!", antwortet Tissa prompt.
Zusammen mit dem Elefanten und dem Tigermädchen machen sie sich auf den Weg. Die Hasen verstecken sich irgendwo in dem großen Garten von Frau Ganga, die Papageien fliegen davon – und die Götterkinder? Die sind sowieso unsichtbar.
„Huch! Da ist jemand!" Erschrocken weicht Tissa zurück. Er hat gerade den Stall betreten, in dem Frau Bhadda vorher war.
„Keine Angst, das bin nur ich!", ruft Nandiya und tritt aus dem Dunkel.
„Bringt ihr die Tiere mit?"
„Ja", erwidert Siri. „Heute hat niemand mehr für uns Zeit. Wir gehen jetzt nach Hause zu unserer Großmutter. "
„Wo wohnt sie denn?", fragt Nandiya neugierig.
„Nicht weit von hier. In diese Richtung." Siri deutet mit dem Finger nach Osten.

„Da kann ich euch helfen!", antwortet der Tierpfleger, treibt den Elefanten und das Tigermädchen in den Stall und verschließt die Tür.

„Kommt mit!"

Siri und Tissa folgen dem Jungen, der sie zu einem abgelegenen, etwas verfallenen Schuppen am anderen Ende des großen Gartens führt. „Wenn ihr durch die Stadt gehen wollt, dann braucht ihr dafür Stunden. Heute sind nämlich noch mehr Leute unterwegs als gestern."

Siri und Tissa staunen. „Meinst du wirklich?" Gestern waren die Straßen doch schon so verstopft, dass man so gut wie nicht vorankam …

„Ich war gerade vor dem Haus und bin gleich wieder umgekehrt. Man wird fast tot getrampelt!", erklärt Nandiya, öffnet die windschiefe Tür und deutet dann in das schummrige Dunkel. „Seht ihr die Feuerstelle?"

Siri und Tissa müssen sich erst an das spärliche Licht gewöhnen, dann nicken sie. „Hinter der Feuerstelle ist ein Durchschlupf in der Wand. Mir nach!", ruft Nandiya und kriecht geschickt durch das Mauerloch. Er wird nicht einmal schmutzig dabei. Anders dagegen Siri und Tissa! Rußschwarz kommen sie am anderen Ende heraus. „Wow! Schön hier!", rufen sie überrascht, als sie sich in einem gepflegten Garten wieder finden.

„Das ist der Vergnügungspark des Feldherrn Ahima", erklärt Nadiya mit Flüsterstimme. „Wir müssen uns beeilen. Er hat nämlich Hunde!"

Behände klettert Nandiya einen großen Luftwurzelbaum hinauf, der direkt vor ihm hoch in den Himmel aufragt. Siri und Tissa folgen – gerade noch rechtzeitig. Denn plötzlich kommt eine aufgeregt kläffende Hundemeute auf den Baum zugerannt. Unter den Luftwurzelästen bleiben die Hunde stehen und bellen sich die Kehle aus dem Leib.

Nandiya ist inzwischen auf die Mauer geklettert, die das Eigentum des Feldherrn Ahima von dem nächsten Garten abtrennt. Tollkühn balanciert er darauf herum; wie ein Seiltänzer hat er seine Arme ausgestreckt und hält damit das Gleichgewicht. Die Mauer ist so schmal, dass gerade mal eine Fußbreite darauf Platz hat.

„Das kann ich nicht!“, jammert Tissa.

„Reiß dich zusammen!“, ruft Nandiya. „Bis jetzt hat das jeder geschafft!“

Ängstlich folgt Siri Nandiya. Der läuft über den schmalen Grat der Mauer, als sei es eine breite Straße. Siri dagegen braucht für jeden Schritt bestimmt eine Minute. „Bloß nicht nach unten schauen“, ermahnt sie sich, denn dort springen die Hunde an der Mauerwand hoch, bellen laut und fletschen fürchterlich die Zähne.

„Tissa, komm! Das ist eine Mutprobe!“ Siri hofft inständig, dass es ihnen gelingt, oben auf der Mauer zu bleiben. Ihr Herz rast, ihre Knie zittern. Tissa geht es nicht anders. Mit zusammengebissenen Zähnen folgt er Schrittchen für Schrittchen seiner Schwester.

„Gleich sind wir da!“, ruft Nandiya. „Hier herunter!“ Er deutet auf eine Hecke, die vom Nachbargrundstück an die Mauer anschließt, und springt in das Gebüsch hinein. Siri und Tissa landen neben ihm. Die Hecke hat den Sprung gut abgefedert. Es war gar nicht so schwer!

„He, klasse!“, ruft Siri überrascht. „Das ist ja der Garten unserer Oma!“

Nandiya grinst bis über beide Ohren. „Das habt ihr nicht erwartet, stimmt's? Es ist ganz nah, wenn man diesen Weg nimmt. Im Prinzip könnt ihr morgen genauso wieder zurückkommen! Macht's gut!", ruft er noch und winkt den beiden zu. „Bis morgen!" Er verschwindet über die Mauer, auf der sie gekommen sind.

Die Großmutter blickt von ihren Kochtöpfen auf, in denen sie gerade herumrührt, als sie ein Geräusch an der Tür hört.

„Wie seht ihr denn aus? Seid ihr über den Verbrennungsplatz gekrochen?"

Siri und Tissa sehen an sich herunter: Sie sind am ganzen Körper mit Ruß verschmiert!

Der Straßenräuber mit Namen „Fingerkette"

Auch am nächsten Morgen haben Siri und Tissa Glück: Keiner will genau wissen, was sie im Haus von Frau Ganga tun. Im Gegenteil; die Eltern und die Großmutter sind froh, dass die Kinder in dem Tierpfleger anscheinend einen netten Spielkameraden gefunden haben, mit dem sie die Zeit verbringen können. Außerdem sind sie stolz darauf, dass sie ins Haus der berühmten Frau Ganga gehen dürfen.

Da es noch sehr früh ist, sind auf den Straßen nicht übermäßig viele Leute unterwegs. Vor dem blau-roten Haus verabschieden sich die Eltern. Sie haben heute in der Großküche zu tun, die für die vielen Besucher eingerichtet worden ist.

Nervös klopfen Siri und Tissa an die Haustür. „Hoffentlich hat Herr Ananda Zeit für uns!“, wünscht sich Siri und nimmt Tissas Hand. Frau Ganga öffnet die Tür höchst persönlich.

„Willkommen, Kinder!“, sagt sie erfreut. „Die anderen warten schon auf euch!“

Die Kinder nehmen auf den Kissen unter dem Baum Platz, das Tigermädchen kommt auf Samtpfoten herbei und schmiegt sich an Siri. Der Elefant stellt sich hinter Tissa und tätschelt ihm mit seinem Rüssel den Kopf. Die Hasen sitzen aufgereiht vor Herrn Anandas Füßen, und die Papageien haben sich auf ihrem neuen Lieblingsplatz niedergelassen: dem Rücken des kleinen Elefanten. Ein Glanz erfüllt den Baum, sodass man wieder meinen könnte, die Blätter seien mit Gold und Silber bemalt.

Herr Ananda räuspert sich.
„Wo sind wir stehen geblieben?“
„Wir haben gestern Frau Bhadda kennen gelernt. Sie hat uns die Geschichte von dem reichen Sohn mit den goldenen Schuhen und die von dem alten Feueranbeter erzählt“, berichtet Tissa.
„Sehr gut!“, lobt Herr Ananda und ordnet sorgfältig die Falten seines Gewandes.
„Heute habe ich leider wieder nicht viel Zeit. Aber die Geschichte, die ihr jetzt hören werdet, wird euch gefallen.“
Die Kinder spitzen ihre Ohren.

„Die Jahre vergingen, und der Buddha wurde immer berühmter. Wohin er auch kam, die Leute hatten schon von ihm gehört und wollten ihn sehen. Immer mehr folgten ihm nach. Der Buddha machte sich inzwischen Gedanken darüber, was er tun sollte, denn sie konnten ja unmöglich zu Tausenden in ein Dorf kommen.
Das Problem war bald gelöst. Unter seinen Anhängern waren viele sehr reiche Menschen. Sie schenkten ihm große Grundstücke und ließen Häuser darauf bauen. So entstanden mit der Zeit richtige Buddha-Orte, an denen seine Mönche und Nonnen zusammenleben, meditieren und studieren konnten. Auf seinen Wanderungen durch das Land, die Dörfer und Städte wurde der Buddha immer wieder um Rat gefragt. Manchmal ging es dabei um ganz persönliche Dinge, manchmal um gelehrte Spitzfindigkeiten, und manchmal auch um hohe Politik. Doch es war ganz gleich wer fragte, jeder bekam eine Antwort und ging gestärkt und zufrieden von dannen. Nicht wenige wurden danach selbst zu Schülern des Erleuchteten.

Eines Tages führten seine Wanderungen den Buddha auch in das Land des Königs Pasenadi. Seine Schüler waren von der anstrengenden Reise ziemlich erschöpft und freuten sich darauf, endlich einmal ausruhen zu können. In einem schönen kleinen Wäldchen machten sie Rast. Dem Buddha allerdings war nicht nach Ausruhen zu Mute. Mit seinem Weisheitsblick hatte er erkannt, dass sich ein sehr schlimmes Unglück ereignen würde, wenn er nicht in letzter Minute eingreifen konnte. Er wandte deshalb seine übernatürlichen Kräfte an und war von einem Augenblick auf den nächsten in dem wilden, undurchdringlichen, dunklen Jalini-Wald, der 30 Meilen weit von dem Rastplatz seiner Anhänger entfernt war.

Es gab dort nur eine einzige Straße, und auf der war gerade eine Frau unterwegs. Sie suchte ihren Sohn Ahimsaka, den sie lange nicht mehr gesehen hatte. Man hatte ihr gesagt, dass er sich in diesem Wald aufhielt und dass er von den Menschen als brutaler Mörder gefürchtet war, dem sie den Namen Angulimala, das heißt ‚Fingerkette', gegeben hatten. Denn um seinen Hals baumelte eine Girlande von 999 Fingern. Er überfiel alle, die durch den Jalini-Wald kamen, tötete sie, schnitt ihnen den kleinen Finger der rechten Hand ab und reihte ihn als Glied in der Kette ein. Heute wollte er den 1000sten Finger erbeuten und seine Kette vollenden. Sein Lehrer an der Universität hatte ihm nämlich versprochen, dass er seinen Studienabschluss bekäme, wenn er ihm eine tausendfingrige Kette bringen würde. Doch diesen letzten Mord wollte seine Mutter verhindern und versuchen, ihren Sohn von seinem falschen Weg abzubringen.

Im Gebüsch versteckt lauerte Angulimala und hielt Ausschau nach seinem letzten Opfer. ‚Schade, dass es meine Mutter ist,

die ich als Letzte töten muss', dachte der Fingerabschneider, als er sie auf der Straße entlang kommen sah. ‚Aber ist ja auch egal, wer es ist, Hauptsache ich bekomme meine Kette voll.' Ein grausames Lächeln spielte um seinen Mund, als er seinen Bogen spannte und einen Pfeil einlegte. Den wollte er seiner Mutter mitten ins Herz schießen, ihr den Finger abschneiden und mit seiner tausendfingrigen Kette sofort nach Takkasila zur Universität eilen!
Er kniff das eine Auge zu, zielte auf das Herz seiner Mutter und wollte den Pfeil gerade losschnellen lassen – da schob sich plötzlich ein anderer Mensch zwischen Angulimala und die Frau. Verärgert ließ der Mörder seinen Bogen sinken. ‚Wo kommt denn dieser Mönch plötzlich her?', schimpfte er. Doch dann besann er sich eines Besseren: ‚Eigentlich kommt er wie gerufen', freute er sich. ‚Wenn ich ihn töte, kann ich seinen Finger als 1000sten nehmen und meine Mutter bleibt am Leben.' Er hob erneut den Bogen und versuchte auf das Herz des Mannes zu zielen. Doch es gelang ihm nicht. Denn dieser blieb einfach nicht stehen, sondern bewegte sich mal hierhin, mal dorthin. Also beschloss Angulimala, ihn mit seinen bloßen Händen zu erwürgen.
‚Na warte, Bürschchen!", rief Angulimala voller Mordlust. ‚Gleich habe ich dich!'
Er rannte hinter ihm her und stieß dabei wüste Beschimpfungen aus. Er wollte, dass der Fremde Angst bekam und vor ihm davon lief. Angulimala vertraute nämlich auf seine Kräfte. Bisher hatte er noch jeden bis zur Erschöpfung vor sich her getrieben. Wenn der Mönch nicht mehr konnte, würde er stehen bleiben, dann wäre es ein Leichtes ihn zu erwürgen.

Doch der Buddha – kein anderer war dieser Mönch – ließ sich von Angulimalas Geschrei und den Schimpfworten nicht beeindrucken. In aller Ruhe lief er weiter, als ob er einen gemütlichen Spaziergang machen wollte. ‚Fingerkette' rannte und rannte, doch der Abstand zwischen ihm und dem Buddha verringerte sich um keinen Meter.
‚Komisch!', dachte der Mörder nach Atem ringend. ‚Früher war ich schneller als ein galoppierendes Pferd. Ich konnte sogar einen fliehenden Hirsch einholen. Was ist hier nur los?'
Wie schnell er auch lief, und wie weit er auf der Straße gekommen war, er konnte den Buddha einfach nicht einholen.
‚Bleib stehen, Mönch!', rief Angulimala außer Puste.
‚Ich bin schon längst stehen geblieben', rief der Buddha. ‚Halte auch du an!'
Angulimala konnte nicht mehr. Er japste nach Luft und hörte auf zu laufen. Sein Herz pochte schnell und laut in seiner Brust, seine Beine zitterten vor Anstrengung, und in seinem Kopf sausten die Gedanken: ‚Diese Mönche sprechen immer die Wahrheit, sonst wären sie keine Mönche. Also hat er wohl angehalten. Doch warum läuft er dann weiter?'
Er sah keinen Sinn in den Worten des Fremden. Deshalb rief er ihm hinterher: ‚Was meinst du damit?'
‚Genau das, was ich gesagt habe', antwortete der Buddha freundlich: ‚Ich bin schon längst stehen geblieben, aber du nicht!'
‚Aber das stimmt doch nicht!' Angulimala war nun richtig wütend geworden. ‚Das kannst du doch wohl mit eigenen Augen sehen, dass ich derjenige bin, der angehalten hat. Du bist der, der immer noch geht.'
Da antwortete der Buddha: ‚In mir ist Ruhe, Stille, Bewe-

gungslosigkeit, kein Antrieb und Wunsch mehr, wütend zu sein. Du rennst von Ehrgeiz und Mordlust getrieben umher. Ohne nachzudenken und ohne Mitleid bringst du andere um. Du tust es, weil du wie unter Zwang stehst. In mir gibt es keine Zwänge mehr. Deshalb sage ich, dass ich schon seit vielen Jahren angehalten habe, für alle Zeiten.'

Verunsichert blickte Angulimala den Buddha an. Seine Hände zitterten. Er nahm die Kette mit den 999 Fingern ab und starrte sie an. ‚Aber ich muss doch 1000 Finger bekommen. Erst dann gibt mir mein Lehrer an der Universität mein Abschlussdiplom. Das hat er gesagt. Ich muss es tun! Ich kann doch nicht einfach damit aufhören!'
‚Du hast ihm das geglaubt und dann 999 Menschen umgebracht?', sprach der Buddha mit ruhiger Stimme.
Es war, als ob Angulimala erst jetzt begriff, was er die ganze Zeit getan hatte. ‚Diese Finger stammen von Menschen, die alle einmal gelebt haben. Du hast sie getötet. Nur wegen dieser Kette.' Der Buddha stand jetzt neben ihm.
Zutiefst erschrocken über sich selbst stammelte Angulimala: ‚A-a-a-ber, das wollte ich nicht. Wirklich nicht!'
‚Du hast es dennoch getan.'
Es war, als ob von Angulimala viele, viele Schleier abfielen, die seinen Verstand und sein Herz verdunkelt hatten. ‚I-i-ihr seid der, von-von d-d-em die Leute sagen, er sei der Erleuchtete', stotterte er.
Der Buddha betrachtete ihn schweigend.
‚Ihr seid der Erwachte. Ihr seid meinetwegen in den Wald gekommen.' Da fiel die letzte Verdunklung von Angulimala ab.

‚Ich hätte meine Mutter getötet, wenn Ihr nicht gekommen wärt', sagte er und war plötzlich totenbleich geworden.
Noch immer sagte der Buddha nichts.
Da warf Angulimala alle seine Waffen weg und fiel vor dem Buddha auf die Knie.
‚Bitte, zeigt mir, wie man innerlich anhält. Ich will niemals wieder so unter Zwang stehen, dass ich sinnlos Böses tue. Ich will nie wieder töten!'
‚Komm und folge mir', sprach der Buddha. Er reichte Angulimala die Hand und zog ihn hoch, damit er neben ihm stand."

Herr Ananda macht eine Pause.
„Puuh!", stößt Siri aus. „Das wäre furchtbar gewesen, wenn er seine Mutter getötet hätte!"
„Ich finde es furchtbar genug, dass er 999 Menschen umgebracht hat, nur wegen einem kleinen Finger!", sagt Tissa aufgebracht. Die Geschichte hat ihn sichtlich mitgenommen.
Herr Ananda runzelt seine sowieso schon faltige Stirn. „Ja, nur wegen eines kleinen Fingers!", sagt er mit belegter Stimme und verstummt.
„Und wie ging es dann weiter mit der Halskette?", fragt Tissa nach einer Weile.
„Hat er sie weggeworfen?", will Siri wissen.
„Oder haben sie die Kette vielleicht zu einer Verbrennungsstätte gebracht?" Tissa kommt diese Lösung am besten vor, schließlich waren es ja menschliche Finger.
„Hm." Herr Ananda denkt nach. „Ihr stellt Fragen …"
„Das ist doch wichtig", meint Siri.
„Ja, vielleicht. Aber ich weiß nicht mehr, was mit der Fingerkette passiert ist. Tut mir Leid. Vielleicht bringe ich es bis

morgen in Erfahrung."
Herr Ananda erhebt sich. „Ich muss euch jetzt leider alleine lassen. Meine Pflichten rufen mich!"
„Sollen wir Sie zum Haus begleiten?", fragt Siri und springt auf. Sie weiß, wie schwierig das Gehen für den alten Herrn Ananda ist.
„Danke schön. Das ist lieb von euch." Siri geht auf der rechten Seite, Tissa auf der linken, und Herr Ananda stützt sich auf ihre Schultern. Als sie fast am Haus angekommen sind, wird die Tür geöffnet und Frau Ganga kommt aufgeregt heraus. Sie hebt verzweifelt die Hände und sagt: „König Ajatasattu weint. Ich habe alles versucht, aber ich kann ihn nicht trösten."
Herr Ananda nickt. „Ich komme!", antwortet er und Frau Ganga führt ihn ins Haus.

Nach Hause

Am nächsten Tag sind Siri und Tissa die Ersten im Garten von Frau Ganga. Sofort rennen sie zu den Ställen, um die königlichen Rösser zu begrüßen. Gestern durften sie Nandiya beim Füttern und Striegeln der edlen Pferde helfen, das hat ihnen großen Spaß gemacht. Mit einem freundlichen Wiehern werden sie empfangen.
„Wir kommen später noch einmal zu euch!", verspricht Siri. „Jetzt müssen wir den kleinen Elefanten und das Tigermädchen holen."

Alle sitzen schon erwartungsvoll an ihren Plätzen, als Herr Ananda aus dem Haus kommt.
„Guten Morgen, Kinder!", begrüßt er sie.
„Wir sind schon gespannt, wie die Geschichte weitergeht!", meint Tissa und zwickt den Elefanten in seinen Rüssel. Dieser schnüffelt nämlich die ganze Zeit schon an Tissas Ohr.
„Leider habe ich heute wieder nur wenig Zeit für euch", entschuldigt sich Herr Ananda. „Nachher will König Ajatasattu ausfahren. Er möchte dem Leichnam des Buddha seine Ehre erweisen. Ich werde ihn begleiten."
Siri und Tissa sehen sich an. Das ist schade. Dann könnten sie sich nachher nicht mit den Pferden beschäftigen.
„Weint der König noch?", will Tissa wissen.
Fragend schaut Herr Ananda ihn an.
„Hat er nur geweint, weil der Buddha gestorben ist oder noch

wegen etwas anderem?“ Tissa kann hartnäckig sein, wenn er etwas unbedingt wissen will. Seine Schwester weiß das. Deshalb stupst sie ihn an. „Das ist doch nicht so wichtig!“, flüstert sie.
„Ich meine ja nur. Ich finde es nicht schlimm, dass ich das wissen will!“, verteidigt sich Tissa.
„König Ajatasattu hat kein leichtes Leben. Er trägt schwer an einer schlimmen Tat. Er hat nämlich seinen Vater getötet“, antwortet Herr Ananda nach einigem Zögern.
„Was?“, erschrocken sehen die Kinder ihn an. „Er hat wirklich seinen Vater umgebracht?“
Herr Ananda nickt betrübt und fährt fort: „Nicht nur das. Vatermord an sich ist schon schlimm genug. Doch König Ajatasattu hat sogar einmal den Auftrag gegeben, den Buddha zu töten.“
„Das kann nicht wahr sein!“ Die Kinder sehen den alten Mönch mit aufgerissenen Augen an.
„Doch, das hat er.“ Herr Ananda legt seine Hände im Schoß zusammen. „Er hat aber alles tief bereut. Für ihn ist es besonders schwer, dass der Buddha jetzt tot ist, denn dieser hat ihn sehr unterstützt und ihm geholfen, trotz seiner schlimmen Vergangenheit ein neues Leben zu beginnen. Der König hat nämlich erst sehr spät gemerkt, dass ihn der, der ihn zu den Morden angestiftet hat, nur ausgenutzt hat.“
Tissa schaut ihn fragend an. „Und wer war das?“
„Und wie ist das passiert?“, fragt Siri gleichzeitig.
Herr Ananda lacht. „Tissa und Siri, ihr seid aber wirklich neugierig! Ihr werdet es später noch erfahren.“
„Haben Sie den König gestern trösten können?“ Tissa beschäftigt das Thema sehr.

Herr Ananda nickt und streicht Tissa über die Wange. „Ja, das habe ich." Dann strafft er seinen Rücken, ordnet sein Gewand und schon sind sie in die Fortsetzung der Lebensgeschichte des Buddha eingetaucht:

„Zuhause in der Heimat des Buddha hatte sich inzwischen herumgesprochen, dass aus dem Prinzen Siddhartha ein erleuchteter Lehrer geworden war, der mit einer großen Schar von Anhängern in Indien umherwanderte. König Suddhodana, Siddharthas Vater, hatte sich allmählich mit dem Gedanken angefreundet, dass aus seinem Sohn zwar kein großer Herrscher geworden war, aber dennoch ein sehr berühmter Meister. Er war richtig stolz auf ihn. Als er spürte, dass die Zeit des Sterbens für ihn näher rückte, wollte er seinen Sohn unbedingt noch einmal sehen und sich von ihm verabschieden. Deshalb schickte er einen Boten aus, der dem Buddha eine Einladung nach Hause übergeben sollte.

Doch der Bote kam nicht zurück. König Suddhodana war beunruhigt. War etwas Schlimmes geschehen? War der Gesandte überfallen worden? Oder entführt? Der König vermutete, dass der Bote nie bei seinem Sohn angekommen war, und schickte deshalb sogleich einen zweiten. Doch auch dieser kehrte nicht wieder.

So ging es mit insgesamt neun Boten.

König Suddhodana war inzwischen am Rande der Verzweiflung. Wenn das so weiterging, dann würde er sterben, ohne seinem Sohn noch ein letztes Mal in die Augen geschaut zu haben!

Der zehnte Bote versprach nun hoch und heilig, wirklich alles daranzusetzen, dem Buddha die Nachricht zu überbringen und diesen sofort zu seinem Vater zu bringen. Er brach also auf und erreichte tatsächlich den Ort, an dem sich der Buddha gerade mit seinen Anhängern aufhielt. Kaum sah er den Erleuchteten, da erging es ihm wie seinen Vorgängern: Allein der Anblick des erwachten Meisters reichte aus, um alle Pläne für die Zukunft einfach auszulöschen. Dem Buddha zu folgen, seine Lehre zu hören und in die Tat umzusetzen, war der einzige und richtige Weg, den ein Mensch in diesem Leben gehen konnte, das war dem Boten sofort klar. Noch am selben Tag gelang es ihm, zu dem Erwachten vorgelassen zu werden und darum zu bitten, sein Schüler werden zu dürfen. Doch anders als die neun vorherigen Gesandten vergaß der zehnte Bote dabei nicht, ihn ins Königreich seines Vaters einzuladen.

Diese Einladung nahm der Erhabene sofort an. Natürlich wollte er seinen Vater noch einmal sehen, bevor dieser sterben würde. Er machte sich zusammen mit seiner Schülerschar, die jetzt schon auf einige Tausend angewachsen war, auf den Weg in seine Heimatstadt.

Als dem König gemeldet wurde, dass sein Sohn sich an der Spitze einer unglaublich großen Menschenmenge der Hauptstadt näherte, war er überglücklich. Siddhartha war zwar kein echter König geworden, aber schon so etwas Ähnliches. Mit diesem Gedanken tröstete sich Suddhodana und beschloss, seinem Sohn entgegenzugehen. Natürlich auf die Art, wie es einem König würdig ist, nämlich mit allem nur denkbarem Pomp und in Begleitung des gesamten Hofstaates.

Je näher der alte Herrscher dem Buddha kam, desto mehr Stolz empfand er, er war sogar außerordentlich zufrieden. Sein Sohn war hoch geehrt, das war deutlich zu sehen. Schön sah er aus, majestätisch und strahlend.

Doch da fiel der Blick des Königs auf einige der Begleiter des Buddha, die ganz heruntergekommen aussahen. Sie waren so ausgemergelt, dass jeder einzelne Knochen sichtbar war, tiefe Schatten lagen unter den Augen, und sie schienen mehr tot als lebendig zu sein. Suddhodana konnte ja nicht wissen, dass diese Schüler noch bis vor kurzem strenge Asketen gewesen waren, die sich kaum etwas zu essen und zu trinken gegönnt hatten und jetzt erst einmal wieder zu Kräften kommen mussten!
Als der König dann auch noch die Bettelschalen in den Händen der Mönche und Nonnen und sogar in der Hand seines Sohnes entdeckte, da verfinsterte sich seine Miene. Sein Sohn, der ein Prinz von königlicher Abstammung war, ging betteln! Die Kleidung der meisten sah nicht gerade so aus, als sei sie die Allerneuste. Auch Siddharthas Gewand war ausgebleicht und an vielen Stellen sogar geflickt. Wenn er nicht von sich aus einen solch überwältigenden Glanz verbreiten würde, dann könnte man ihn für einen verlumpten, streunenden Bettler halten.
König Suddhodana stand jetzt vor seinem Sohn. Der nächste Schock kam sogleich. Denn der Buddha umarmte seinen Vater nicht vor Wiedersehensfreude, wie der es eigentlich erwartet hatte. Er sah ihn mit ruhigem Blick einfach nur freundlich an, als sei er ein Fremder.
Der König verbarg seine Enttäuschung und seinen Widerwillen nicht. Er sagte: ‚Willkommen, erhabener Buddha, willkommen lieber Sohn! Wie ich sehe, lehrst du deine Schüler das Betteln und das in Lumpen gehen. Ich muss leider sagen, das gefällt mir ganz und gar nicht! Das ist nicht das, was ich von einem Königssohn erwarte!‘

‚Der Weg zur Befreiung, dorthin, wo das Glück bleibt und nicht wieder verschwindet, führt nicht über Reichtum, Bequemlichkeit oder schöne Kleider', war die Antwort. ‚Auch der mächtigste Herrscher, einer, dem die ganze Welt gehört, selbst ein solcher Mann ist nicht befreit von den Leiden der Krankheit, des Alters und des Todes.'

Als König Suddhodana das Wort ‚Tod' hörte, zuckte er zusammen. Einige Male hatte er nämlich schon darüber nachgedacht, dass er nichts von seinen Juwelen, keines seiner prächtig bestickten Kleider, keinen seiner schönen Parks und auch keinen seiner Diener mitnehmen konnte, wenn er starb. Doch jedes Mal hatte er diese Gedanken schnell wieder verscheucht.

Der Buddha sah, dass sein Vater in seiner ablehnenden Meinung über ihn ins Wanken geraten war, deshalb sprach er weiter: ‚Vater, ich bin damals von Zuhause weggegangen, weil ich einen Weg finden wollte, der aus all diesem Schmerz, aus der Verzweiflung, aus der Trauer und dem Unglücklichsein, aus Kriegen und Morden herausführt. Ich habe den Weg gesucht, durch den der Tod überwunden werden kann. Vater, ich habe diesen Weg gefunden!'

Nun spürte Suddhodana am Klang der Stimme seines Sohnes, dass diese Worte wahr waren. Er sah es in seinem Blick, er spürte es in der Ausstrahlung, die ihn umgab. Der König fiel auf die Knie, überwältigt von so viel Wahrheit, die den, der vor ihm stand, umgab. ‚Erhabener Buddha, erkläre mir bitte diesen Weg. Ich möchte ihn ebenfalls gehen!'

Als die Gefolgsleute des Königs sahen, dass der Vater vor dem Sohn, der Herrscher vor dem Bettler niederkniete und sich verneigte, da wussten alle, dass Siddhartha nicht als Prinz heimgekehrt war, sondern als großer Lehrer.

Die Herausforderung

Nicht nur der Vater des Buddha, auch Yasodhara, Rahula und die meisten seiner anderen Verwandten waren bald seine Anhänger geworden. Viele von denen, die schon etwas länger dabei waren, hatten schnell Fortschritte gemacht. Einige waren besonders erfüllt von Liebe und Freundlichkeit, einige waren sehr weise und hatten alles verstanden, was zu verstehen war. Manche hatten magische Fähigkeiten erlangt, sie konnten sich unsichtbar machen, in die weit entfernten Himmelswelten gehen, im Himmel fliegen oder auch mit den Göttern sprechen. Buddhas Vetter Devadatta zum Beispiel war einer von denen, die besondere übermenschliche Fähigkeiten entwickelt hatten. Unentwegt übte er daran, sie auszubauen und noch zu verbessern.

Eines Tages entdeckten Fischer, die bei Tagesanbruch mit ihren Booten auf den Fluss gefahren waren, ein merkwürdiges Tier. Er war mindestens so groß wie ein Kalb, tauchte für kurze Zeit an der Wasseroberfläche auf und verschwand dann wieder. Schnell verständigten sie die anderen, die ebenfalls zum Fang auf dem Fluss waren, und berieten gemeinsam, was zu tun sei. ‚Wenn es ein Monstrum ist, das der Unterwelt entstiegen ist, dann sollten wir schleunigst von hier verschwinden!', meinte einer der älteren und erfahrenen Männer.

‚Und wenn es ein Zeichen vom Himmel ist, was dann?', warf sein Sohn ein.

‚Ich fand es Grauen erregend. Es hatte glühende Augen, und

wenn mich nicht alles täuscht, hat es sogar versucht, unser Boot zu rammen!', wandte ein für seine Umsicht bekannter Fischer ein.

Da schäumte plötzlich vor ihnen das Wasser und eine Fontäne spritzte hoch. Die Bootsinsassen erschraken zu Tode. ‚Hilfe! Hilfe!', schrien sie durcheinander und versuchten, so schnell sie konnten von dieser gefährlichen Stelle wegzukommen. Dabei kenterte eines der Boote und drei Männer gingen über Bord. Ein lautes Lachen schallte aus der Tiefe des Flusses herauf. Es kam von der Stelle, wo die Fontäne hochgestiegen war. ‚Könnt ihr schwimmen?', tönte es plötzlich, und Wellen bildeten sich an der Stelle, von wo die Stimme kam.

Den Männern gefror das Blut in den Adern.

‚Ein Monstrum, das spricht!', flüsterte der alte Fischer, sterbensbleich geworden.

‚Von wegen, ein Monstrum!' Wieder lachte es laut und schaurig. ‚Und ein Kalb bin ich auch nicht!'

Im selben Moment durchbrach Devadatta die Wasseroberfläche und hüpfte auf dem Wasser vor ihnen auf und ab. Die Männer starrten ihn an und sahen sprachlos zu, wie Devadatta das gekenterte Boot umdrehte und denen, die im Wasser schwammen, beim Einsteigen half. Dann war er wieder verschwunden, als ob er sich in Luft aufgelöst hätte.

Den Fischern standen die Haare zu Berge, sie rätselten, ob das alles nur ein Traum oder Wirklichkeit war. Plötzlich schwebte Devadatta wieder vor ihnen. Seine Füße berührten nicht einmal die Wasseroberfläche.

‚Was sagt ihr zu meinen neuen Fähigkeiten? Nicht nur, dass ich über das Wasser gehen kann! Auch so lange Untertauchen, wie ich will und sogar Schweben gelingt mir inzwischen!'

Ehrfürchtig neigten die Angesprochenen die Köpfe. ‚Ihr seid ein sehr großer Meister, Devadatta!', sprach der Älteste von ihnen ernst, und die anderen stimmten ihm zu.
‚Wir würden alle gerne deine Schüler werden, großer Meister!', sagte sein Sohn und drückte damit den Wunsch aller aus.
‚Dann seid ihr meine ersten Schüler, die ich zu Wasser als solche annehme!', antwortete Devadatta erfreut und schwebte feierlich davon.

Je mehr Aufsehen Devadatta mit seinen Fähigkeiten erregte, desto mehr Menschen bewunderten ihn und wurden seine Schüler. Er konnte von einem Augenblick auf den nächsten zu den weit entfernten Himalayabergen fliegen und mit einem großen tropfenden Eisstück zurückkommen. Wann immer er wollte, machte er sich unsichtbar, verwandelte sich in eine Wolke oder in einen Stein. Es schien nichts zu geben, was er nicht vermochte.
Irgendwann hatte er es endgültig satt, immer nur die Nummer Zwei zu sein. Die Nummer Eins war nämlich, seit er denken konnte, sein Vetter, der Buddha, mit dem zusammen er am Königshof aufgewachsen war. Von Kindheit an hatte es geheißen, ‚Devadatta ist ja sehr klug, aber Siddhartha, der ist noch etwas klüger'. Oder: ‚Devadatta kann unglaublich schnell rennen, aber Siddhartha …' Das sollte sich jetzt endlich ändern! Devadatta hatte sich einen hervorragenden Plan überlegt. Um ihn in die Tat umzusetzen, brauchte er einen einflussreichen Verbündeten, und er wusste auch schon wen: einen seiner größten Bewunderer, den Prinzen Ajatasattu, den Sohn des mächtigen Königs Bimbisara! Es würde sicher nicht schwer sein, ihn auf seine Seite zu bringen.

Devadatta begab sich also in den Palast von König Bimbisara, um den Prinzen Ajatasattu zu besuchen. Als er vor den Gemächern des Prinzen stand, verwandelte er sich in einen schönen jungen Mann, der um seinen Bauch lebende Schlangen gewunden hatte. Es sah aus, als trüge er einen züngelnden Gürtel. Als er so vor Ajatasattu trat, erschrak dieser sehr und fürchtete sich.

‚Hast du Angst vor mir, Ajatasattu?', fragte der Fremde fürsorglich.

‚Wer-wer-wer bist du?', stotterte Ajatasattu und wich einige Schritte zurück.

‚Ich bin es, Devadatta. Ich habe mich nur mal schnell in eine andere Person verwandelt. Wie findest du meinen Gürtel?'

‚Gü-ü-ürtel?', stotterte dieser. ‚Das sind doch Gi-Giftschlangen!'

‚Keine Angst. Die habe ich voll unter Kontrolle!', brüstete sich der Schlangenträger.

‚Verwandele dich bitte sofort zurück, du weißt, ich habe Angst vor Schlangen!', bat der junge Prinz, und im nächsten Augenblick stand Devadatta in seiner wahren Gestalt vor ihm, von den Schlangen war nichts mehr zu sehen.

Ajatasattu war tief beeindruckt: ‚Einen so großen Magier wie dich gibt es im ganzen Land nicht!', sagte er voller Bewunderung. ‚Ich will dir ein Geschenk machen!' Ajatasattu rief einen Diener zu sich.

‚Lass diesem großen Meister jeden Morgen und jeden Abend als Zeichen meiner Ehrerweisung 500 Wagen mit erlesenen Speisen und 500 Wagen mit köstlichen Getränken für ihn und seine Schüler bringen!'

Der Diener verneigte sich und der Wunsch des Prinzen wurde sofort in die Tat umgesetzt.

‚Vielen Dank, mein Prinz!', sagte Devadatta stolz und geschmeichelt. ‚Jetzt werden meine Anhänger und Schüler nicht nur mich preisen, sondern auch dich, den Prinzen Ajatasattu, für diese Großzügigkeit!'
Die Verteilung der erlesenen Köstlichkeiten lockte nur noch mehr Menschen an, und so wuchs Devadattas Anhängerschaft beständig. Damit änderte sich auch die Stimmung unter den Anhängern des Buddha. Viele waren verunsichert, ob sie noch dem richtigen Lehrer folgten, wo doch Prinz Ajatasattu ganz deutlich zeigte, wen er für den Besseren hielt. Nach einer Unterweisung, die der Buddha gerade öffentlich gehalten hatte, fragte deshalb einer der Zuhörer mutig: ‚Verehrter Meister, wir wissen nicht, was wir von Devadatta halten sollen. Könntet Ihr uns dazu etwas sagen?'
Darauf antwortete der Buddha mit sehr deutlichen Worten: ‚Devadatta hat sich verändert. Früher schien er ein fleißiger und ehrlicher Mensch zu sein, der danach strebte, Gutes zu tun. Doch jetzt ist er stolz geworden und nur noch daran interessiert, seinen eigenen Ruhm zu vermehren. Es wird nicht mehr lange dauern, dann werden seine Wunderkräfte schwinden und ihn ganz verlassen.'

Devadatta dagegen sah seine Zukunft in ganz anderem Licht. Er sonnte sich im Kreis seiner Verehrer und versuchte, seinen Ruf als größter Magier aller Zeiten weiter auszubauen. Er hielt jetzt morgens auch vor der Verteilung der Speisen Vorträge. Einer seiner Bewunderer hatte ihm eigens dazu ein großes Vortragshaus bauen lassen. Mehr als 1000 Menschen fanden bequem darin Platz, der Boden war aus weißem Marmor, bunt bestickte Seidenteppiche waren ausgelegt, auf die man sich setzen konnte, und für Devadatta stand ein großer Thron bereit. Gespannt wie jedes Mal warteten die Schüler auf das Ende des Vortrages, den er durch eine Wunderdemonstration abzuschließen pflegte. Gerade hatte er darüber gesprochen, wie wichtig es war, unabgelenkt bei einer Sache zu bleiben. ‚Wenn ihr zum Beispiel euer Geld zählt, dann tut nichts anderes als Geld zu zählen. Denkt nicht darüber nach, wofür ihr es ausgeben werdet, welche Schulden ihr damit begleichen könntet, ob es viel oder wenig Geld ist. Zählt es nur, und bleibt mit eurer Aufmerksamkeit dabei. Auch wenn ihr eine magische Fähigkeit ausübt, tut nicht anderes als das. Wenn ihr zum Beispiel das Unsichtbarwerden übt, tut nichts anderes als das. Lasst langsam eure Gestalt verblassen, denkt an nichts anderes als an das Unsichtbarwerden eurer Körperformen.' Die Menge hielt die Luft an und starrte ungläubig nach vorne, denn genau dieses geschah gerade vor ihren Augen auf dem Thron. Die Umrisse von Devadattas Körper lösten sich nach und nach auf, und er wurde unsichtbar. Eine Weile schwebte noch seine Stimme im Raum, doch auch diese wurde schwächer und schwächer, bis sie in der Unhörbarkeit verschwunden war.

Diese Wundervorführungen sprachen sich überall herum, und bald musste eine neue Vortragshalle gebaut werden, denn Devadattas Anhängerschaft war auf mehrere Tausend angewachsen.

Schließlich fand Devadatta, dass die Zeit reif war, sich auf einen Wettstreit mit seinem Vetter einzulassen. Er wollte nun endlich aus dem Schatten des ewig Zweiten heraustreten. Die Gelegenheit bot sich schneller, als er erwartet hatte. Noch am selben Abend gab der Buddha seinen Schülern die Möglichkeit, bei einer großen Zusammenkunft Fragen zu stellen. Der

Herausforderer zögerte nicht und erhob sich als Erster. Mit magisch verstärkter, wohlklingender Stimme sprach er:
‚Erhabener Buddha, du bist schon alt. Es ist an der Zeit, dass du die Führung deiner Schülerschar an mich abgibst. Ich bin ganz sicher ein würdiger Nachfolger.'
Ein Raunen ging durch die Menge. Die Getreuen des Buddha waren geschockt. Dass Devadatta so unverschämt sein würde, dies zu fordern, hatte keiner von ihnen erwartet. Die Spannung war zum Zerreißen.
Mit ruhiger Stimme antwortete der Buddha: ‚Ich würde nicht einmal meinen beiden besten Schülern die Führung anvertrauen und dir, Devadatta, schon gar nicht! Meine Schüler bemühen sich, weniger Ich-bezogen zu sein, du aber bist von deiner Ruhmsucht ganz verblendet.' Allen stockte der Atem.
Devadatta zwang sich zu einem Lächeln und setzte sich wieder auf seinen Platz. Innerlich kochte er vor Wut. Nur mit Mühe gab er sich gelassen. Am liebsten hätte er eine magische Feuerkugel geformt und sie dem Buddha mitten ins Gesicht gespuckt. Vernichten wollte er ihn. Er hasste seinen Vetter von nun an noch mehr und sann auf Rache.

Der Buddha ließ in den Städten und Dörfern verkünden, dass Devadatta nicht mehr zu seinen Schülern gehöre. ‚In dem, was dieser Abtrünnige sagt, tut und denkt, ist nichts mehr, das meiner Lehre entspricht. Er hat zwar früher große und schnelle Fortschritte gemacht und war ein Vorbild für alle Schüler. Doch nun hat Devadatta sich von diesem Weg abgewandt. Er geht nun seinen eigenen.'

Schwert und Messer

Als Devadatta erfuhr, dass der Buddha ihn aus seinem Kreis öffentlich ausgeschlossen hatte, wurde er noch zorniger. Nun musste er zu anderen Mitteln greifen! Er ging zu Prinz Ajatasattu, auf dessen Freundschaft er sich ganz verließ.
‚Du siehst müde aus, mein Freund', so begann er das Gespräch und machte ein bekümmertes Gesicht dabei. ‚Hast du dir schon einmal Gedanken darüber gemacht, dass du sterben könntest, bevor du überhaupt König geworden bist?'
Prinz Ajatasattu horchte erschrocken auf. Hatte Devadatta etwa mit seinen übersinnlichen Fähigkeiten in die Zukunft geschaut und dort seinen baldigen Tod gesehen? Sein Herz schlug schneller vor Angst.
‚Ich sehe, du spürst, dass meine Frage berechtigt ist. Dir ist der Schreck in die Glieder gefahren', stellte Devadatta fest.
Prinz Ajatasattu war sich nun ganz sicher, dass er nicht mehr lange zu leben hatte.
'W-w-w-as soll ich tun, u-u-u-m die mir v-v-verbleibende Zeit noch zu nutzen?', stammelte er.
Devadatta sprach mit erhobener Stimme: ‚Ich rate dir, töte deinen Vater, damit du König wirst, so lange du noch lebst. Ich dagegen werde den Buddha töten und an seiner Stelle die Schüler leiten. Du wirst als weltlicher König herrschen und ich werde der geistige Führer des Landes sein.'
Ajatasattu wurde ganz bleich, seine Knie zitterten. Er zögerte. Natürlich war ihm klar, dass ein Mord eine schändliche Tat

war; aber andererseits, wenn der wunderkräftige Devadatta es ihm empfahl, dann musste es einen tieferen Sinn darin geben. Wenn dieser Mönch den Buddha töten würde und er seinen Vater, dann könnten sie beide an der Spitze des ganzen Volkes stehen. Diese Vorstellung gefiel Prinz Ajatasattu sehr, und es leuchtete ihm auch ein, dass sie zusammen als Herrscher sehr viel bewirken konnten. In seiner Vorstellung sah er sich neben seinem Freund auf einen hohen Thron, umgeben von einer riesengroßen Gefolgschaft. Die ganze Welt könnte bald den beiden untertan sein.
‚Dein Rat, Devadatta, ist gut.' Der Prinz reichte seinem Freund die Hand, wie um die geplante Tat zu besiegeln. ‚Du bist mir an Weisheit und Klarblick vielfach überlegen. Es wird für unsere Zukunft sicherlich das Beste sein, wenn ich tue, was du mir rätst.'
‚So ist es', erwiderte Devadatta und umarmte ihn.

Bewaffnet mit einem Schwert, begab sich der Königssohn noch am selben Tag in die Gemächer seines Vaters. Er nahm einen geheimen Eingang und schlich sich von hinten an seinen Vater an. Der König sollte nicht sehen, wer sein Mörder war. Doch die Hofbeamten hatten ein leises Scheppern gehört, als Ajatasattu versehentlich mit dem Schwert gegen eine Truhe gestoßen war. Sofort umstellten sie ihn, da sie annahmen, es sei ein Dieb. Als sie erkannten, dass es der Prinz war, wunderten sie sich. ‚Wieso nehmt Ihr diesen geheimen Hintereingang, um zum König zu kommen?'
‚Ich wollte meinen Vater überraschen', gab dieser mit fröhlich verstellter Stimme zur Antwort.
‚Na ja, dann geht', erwiderte die Palastwache und sie machten

den Weg frei. Als Ajatasattu zwischen den Wachen hindurchging, löste sich plötzlich der Gürtel seines Mantels und das Schwert, das er darunter trug, blitzte auf.
‚Halt!' Mit festem Griff hielt der Wachtposten den Eindringling fest.
‚Wozu braucht Ihr ein Schwert, wenn Ihr eurem Vater eine Überraschung bereiten wollt?', fragte der oberste Hofbeamte streng.
‚Weil ich ihn töten werde!', brüllte der Prinz Ajatasattu außer sich und rollte wild mit den Augen. Er riss sich los, zog die Waffe und stürmte zu den Privatgemächern seines Vaters. Erschrocken fuhr König Bimbisara herum, als er hörte, wie jemand heftig die Tür aufstieß. Fassungslos sah er auf seinen Sohn. ‚Was ist …?', fragte er, doch er konnte den Satz nicht vollenden, denn der Mörder bohrte sein Schwert mitten hinein in des Vaters Herz.

Das war der Beginn der Herrschaft des Prinzen Ajatasattu. Damit war aber erst ein Teil des Plans von Devadatta in Erfüllung gegangen, nun musste noch der Buddha getötet werden, damit die beiden Freunde Seite an Seite regieren konnten. Wie das geschehen sollte, dafür hatte Devadatta auch schon einen Plan: Es gab im Königreich einen Krieger, der bekannt war für seine großen Kräfte, seinen Mut und seine Geschicklichkeit im Umgang mit Waffen. Diesem erteilte König Ajatasattu den Auftrag, den Buddha aus dem Weg zu schaffen.
Der Krieger brach noch am selben Tag auf und reiste dorthin, wo der Erleuchtete sich gerade aufhielt. Unter vielen Verbeugungen näherte er sich, bis er nur noch eine Armlänge von ihm entfernt war. Genauso hatte es der Krieger sich gewünscht,

das war der Abstand, den er brauchte. Er griff in seinen Umhang, zückte blitzschnell sein Messer, erhob die Hand und stach zu. Doch wenige Zentimeter vor der Brust des Buddha erstarrte er in der Bewegung und blieb wie versteinert stehen. ‚Was ist los mir dir, mein Lieber?', fragte der Buddha, trat einen Schritt zurück und betrachtete ihn besorgt. ‚Du brauchst vor mir keine Angst zu haben!'

Da fiel die Starre von dem Krieger ab. Er blickte fassungslos auf das Messer, das er zum tödlichen Stoß erhoben hatte, und ließ es auf die Erde fallen. Dann sank er selbst weinend zu Füßen des Buddha nieder.
‚Große Schuld habe ich auf mich geladen, Herr. Ich hatte vor, Euch das Leben zu nehmen!', schluchzte er.
Der Buddha antwortete: ‚Ja, ich weiß. Du kamst hierher in der Absicht, mich zu töten. Doch nun hast du erkannt, dass es eine böse Tat gewesen wäre, und du hast sie nicht ausgeführt. Du hattest die Möglichkeit, dein Leben zu ändern, und du hast sie genutzt.'
Zitternd erhob sich der Mann. ‚Nur durch Eure Hilfe ist mir das gelungen, Herr! Bitte erlaubt mir, dass ich Euer Schüler werden darf!'"

Plötzlich wiehern die Pferde laut und furchtsam, sodass Herr Ananda mit dem Erzählen innehält.
„Da ist etwas passiert!", ruft Siri und rennt los. Tissa, der kleine Elefant und das Tigermädchen laufen hinterher. Sogar Herr Ananda erhebt sich und geht zu den Ställen. Das schrille Wiehern hört nicht auf. Siri öffnet das Stalltor und hat mit einem Blick die Situation erfasst. „He, was soll das!", schreit sie

angriffslustig. „Lass sofort das Pferd los!“
Der Mann fährt erschrocken herum. In der einen Hand hält er ein Messer, in der anderen Juwelen, die er gerade aus den Halftern, die die königlichen Rosse tragen, herausgeschnitten hat. Er hat den Hengsten Fesseln um die Beine geschlungen, sodass sie sich nicht bewegen können. Ihre Köpfe hat er mit einem Seil ganz nah an das Gatter gebunden. So können nicht nach ihm beißen.
„Weg da, Kleine!“ Der Mann hebt drohend die Klinge. Siris Blick fällt auf Nandiya, der am Boden liegt. Er scheint ohnmächtig zu sein. Blut fließt aus seiner Nase und aus seinen Mundwinkeln. „Nandiya!“, ruft Siri in das verstörte Wiehern hinein und rennt zu ihm. Im gleichen Moment hechtet ein geschmeidiger Katzenkörper in den Stall. Mit einem Satz ist das Tigermädchen auf dem Rücken des Diebs. Sie krallt sich fest, sodass sein Hemd zerreißt. Die scharfen Raubtierkrallen bohren sich ins Fleisch. Das Hemd, das zerfetzt an seinem Körper klebt, färbt sich blutrot. Die kleine Tigerin faucht gefährlich.
„Hilfe!“, schreit der Räuber gellend. „Ruf sofort das Raubtier zurück. Es bringt mich um!“
„Erst lässt du das Messer fallen!“ Tissas Stimme klingt befehlsgewohnt. Dafür hat er lange geübt. Nur in diesem Ton schafft er es, sich gegen seine Schwester durchzusetzen.
Sofort wirft der Dieb das Messer auf den Boden, Tissa hebt es auf. Inzwischen hat auch Herr Ananda den Stall erreicht.
„Gut gemacht, Kinder!“, lobt er und nimmt Tissa das Messer aus der Hand. „Lauf schnell ins Haus und sag Frau Ganga, dass wir Verstärkung brauchen. Sie soll die königliche Wache schicken!“

Tissa rennt los in Richtung Haus. Siri bemüht sich darum, dass Nandiya wieder zu sich kommt. Er stöhnt zwar, seine Augen bleiben aber geschlossen.

Die Pferde schnauben aufgeregt. Das Tigermädchen hat jetzt von dem Dieb abgelassen und steht fauchend vor ihm.

Jetzt stürmt die königliche Wache heran und nimmt den Räuber gefangen. Atemlos kommt Tissa hinterher. Mit den Männern der Palastwache kann er nicht Schritt halten.

„Frau Ganga kommt gleich mit einem Arzt", berichtet er nach Luft schnappend.

„Binde die Pferde los, Tissa. Pass aber auf, dass sie nicht aus Versehen auf dich treten. Sie sind sehr nervös", sagt Herr Ananda und wirft einen besorgten Blick auf den jungen Tierpfleger. Seine Verletzungen scheinen ernsthaft zu sein.

Frau Ganga kommt in Begleitung von drei Männern. Zwei führen eine Trage mit sich, auf die sie Nandiya vorsichtig legen. Der Arzt untersucht seine Wunden. „Sieht schlimmer aus, als es ist", beruhigt er die Umstehenden. „Eine Woche wird es brauchen, bis der Junge wieder auf den Beinen ist. Bringt ihn ins Haus, damit ich mich um ihn kümmern kann."

„Und wer kümmert sich in der Zeit um die königlichen Pferde?", fragt Frau Ganga.

„Das machen wir!", jubeln Siri und Tissa und vollführen einen kleinen Freudentanz.

Herr Ananda beugt sich hinunter zu dem Tigermädchen und streichelt es. „Gut gemacht, meine Kleine!", lobt er sie. „Als Dank darfst du ..." Er schaut sich zu dem Elefanten um. Der hebt seinen Rüssel. Das heißt in der Elefantensprache: Ja!

„Als Dank darfst du auf dem Rücken des kleinen Elefanten eine Ehrenrunde durch den Garten drehen!"

Begleitet vom Gekreisch der Papageien, marschiert der Elefant mit der Tigerin auf dem Rücken durch den Garten, dazu trompetet er majestätisch. Wer es bisher noch nicht wusste, dass Frau Ganga in ihrem Garten einen Elefanten zu Besuch hat, der weiß es jetzt.

„Wollt ihr jetzt überhaupt noch weiter zuhören?“, fragt Herr Ananda und unterbricht damit den Freudentanz der Geschwister.
„Aber klar doch!“, antworten sie und begleiten den alten Mann unter dem Baum.

Helfende Bergspitzen und ein betrunkener Elefant

„Diesmal seid allerdings ihr diejenigen, die lange bleiben können. Wenn König Ajatasattu heute ausreiten will, dann braucht er die Pferde. Ihr Fell muss noch gebürstet und die Mähnen müssen gekämmt werden ..." Herr Ananda schaut zum Himmel. Am Stand der Sonne sieht er, dass es noch genug Zeit ist bis zum Mittagessen. Der König will erst am Nachmittag aufbrechen.

„Noch eine Geschichte, bitte!", bettelt Tissa.

Herr Ananda schmunzelt:

„Der rachsüchtige Devadatta hatte natürlich mitbekommen, dass sein Vorhaben, den Buddha ermorden zu lassen, gescheitert war. ‚Ich muss es wohl selbst tun, nur ich allein bin stark genug, den Buddha zu töten. Alle anderen bekommen weiche Knie und glasige Augen, wenn sie seiner Nähe sind', überlegte er und schmiedete einen Plan:

Es gab in der Nähe der Stadt, zu der der Buddha gerade unterwegs war, einen Berg, den nannte man Geiergipfel. Dort gab es einen gefährlichen Abhang, eine richtige Geröllwüste. Hier wollte Devadatta einen großen Felsen suchen und mit ihm genau in dem Moment, wenn der Erleuchtete am Fuße des Berges vorbeikäme, eine Steinlawine auslösen. Ohne Frage würde sie auf den Buddha niederdonnern und ihn unter sich begraben.

Er kletterte hinauf auf den Geiergipfel und wartete, bis er den Erwachten an der Spitze einer großen Menschenmenge kommen sah. Er stemmte sich mit all seiner Kraft gegen einen geeigneten Steinblock. Er schaffte es! Der Felsbrocken stürzte mit lautem Getöse den Abhang hinunter und riss viele andere Steine mit. Devadatta rieb sich glücklich die Hände, denn dieser Lawine konnte keiner entkommen. Die letzte Stunde des Buddha hatte geschlagen!

Doch Devadatta traute seinen Augen nicht, als sich zwei Bergspitzen herabbogen und eine undurchdringliche Mauer bildeten, die das herabstürzende Geröll stoppte. Nur ein einziger Steinsplitter traf den Buddha am Fuß.

Außer sich vor Wut zog Devadatta ab. Jetzt hatten sich sogar die Berge gegen ihn verschworen! Schnurstracks ging er in die Stadt und sann über eine neue Mordidee nach. Er wusste von Prinz Ajatasattu, dass es hier einen gefährlichen Elefanten geben sollte, der schon mehrere Menschen getötet hatte. ‚Das ist es!', rief er und klatschte dabei begeistert in die Hände. ‚Dieses Mal entkommt er mir nicht!'

Sofort machte Devadatta sich auf den Weg in das Elefantenhaus, wo der Dickhäuter eingesperrt und in Ketten gelegt war. ‚Ihr wisst, dass ich der Berater des Königs bin!', sagte Devadatta als Begrüßung zu den Bewachern des Elefanten. Diese kannten ihn sehr wohl und nickten. ‚Der König Ajatasattu schickt mich. Schafft zehn Liter Palmwein herbei. Ich will, dass der Mörder-Elefant betrunken gemacht wird.'

Überrascht sahen sich die Wärter an. Warum sollten sie den gefährlichen Elefanten betrunken machen? Würde er dann nicht noch bösartiger werden? Doch sie wagten nicht, sich Devadattas Befehl zu widersetzen.

Mit zehn Litern Palmwein kamen sie zurück und gossen ihn in einen Eimer. Der Elefant tauchte seinen langen Rüssel

hinein und saugte den Wein mit einem Zug in sich hinein.
‚Sehr gut!', meinte Devadatta, als er sah, dass der Alkohol seine Wirkung entfaltete. Der große Elefant begann zu schwanken. Er stellte seine riesigen Ohren ab und trompetete wild. Dann stampfte er auf und zerrte an den schweren Eisenketten.
‚Löst die Ketten!', befahl Devadatta. Am Jubel, der bis in die Ställe drang, hörte er, dass der Buddha dabei war, in die Stadt einzuziehen.
‚Aber, Herr! Das können wir nicht tun. Der Elefant walzt uns sofort nieder. Er wird auf die Straße laufen und viele Menschen zu Tode trampeln.' Die Elefantenwärter versuchten, dem obersten Berater des Königs seinen Wunsch auszureden.
‚Genau das soll er auch, ihr Klugscheißer!' Devadatta war sauer. Diese Elefantentreiber hatten überhaupt nicht das Recht, sich einzumischen.
‚Löst die Fesseln oder ich lasse euch ins Gefängnis werfen!', drohte er.
Mit zitternden Händen taten die beiden, was von ihnen verlangt wurde. Sie konnten sich gerade noch in Sicherheit bringen, denn das riesige Tier schwankte laut trompetend auf die Straße hinaus. Weil der Elefant betrunken war, hatte er seine Schritte nicht unter Kontrolle. Wer ihm in die Quere kam, der wurde einfach umgeworfen und niedergetreten.

Die Leute stoben schreiend auseinander und rannten um ihr Leben, als sie den wild gewordenen Elefanten auf sich zu torkeln sahen. Er trompete und schnaubte, dass es sich anhörte wie Donnergrollen. Die Straße war wie leer gefegt. Alle brachten sich in Sicherheit.

‚Lauft weg, Erwachter!', riefen die Leute dem Buddha zu, der sich als Einziger noch auf der Straße aufhielt. ‚Seht Ihr denn nicht, dass dieser Elefant betrunken ist? Er wird Euch töten!' Unbeeindruckt setzte der Buddha seinen Weg fort. ‚Es wird nichts passieren', sagte er und ging dem betrunkenen Tier ruhig entgegen. Den Leuten, die von ihren sicheren Verstecken aus zusahen, stockte der Atem. Es war, als hätte jemand die Zeit angehalten. Da traf der Blick des Buddha den des Tieres und seine Freundlichkeit ging auf den Elefanten über und durchdrang ihn ganz und gar. Dieser hörte auf zu torkeln und trabte würdevoll mit herunterhängendem Rüssel auf den Erhabenen zu. Als der Elefant vor ihm zum Stehen kam, nahm er mit dem Rüssel Sand von der Erde auf und sprengte ihn zum Zeichen der Verehrung über den Buddha. Danach verneigte er sich tief vor ihm und ging auf die Knie.
‚Gut gemacht!', sagte der erhabene Meister und berührte die Stirn des riesigen Tieres."

Ein lautes Trompeten verhindert, dass Herr Ananda fortfahren kann. Der kleine Elefant ist außer sich vor Freude. Er wälzt sich auf dem Boden und stößt quiekende Laute aus.
„Jetzt beruhige dich doch!" Tissa schaut ihn streng an. „Du bist schließlich nicht betrunken!"
„Er freut sich. Das wollen wir ihm gönnen", meint Herr Ananda. „Die Geschichte vom betrunkenen Elefanten ist hier sowieso zu Ende. Ihr habt doch jetzt zu tun, oder irre ich mich da?"
Natürlich irrt sich Herr Ananda nicht. Siri und Tissa springen von ihren Sitzen auf und eilen zum Pferdestall.
Müde kommen sie abends bei ihrer Großmutter an. Doch so

erschöpft sie auch sind, zu erzählen haben sie eine ganze Menge. Nicht nur, dass sie die königlichen Pferde gebürstet und gestriegelt haben. Ihre Mähnen haben sie gekämmt und Goldbänder eingeflochten. Sie haben sogar das Zaumzeug angelegt, damit die vier Hengste vor den Wagen des Königs Ajatasattu gespannt werden können.

„Dann haben wir den König gesehen!“, Tissa strahlt. Der König hat ihn schwer beeindruckt.

„Morgen dürfen wir uns wieder um die Pferde kümmern“, erzählt Siri. „Der Tierpfleger ist nämlich krank. Ein Dieb hat ihn niedergeschlagen.“

Geknickte Bambushalme

Am nächsten Tag sind Siri und Tissa wieder die Ersten im Garten von Frau Ganga. Sie haben genug Zeit, die königlichen Pferde zu füttern und sich um sie zu kümmern. Das Tigermädchen und der Elefant haben sich auch schon mit den edlen Rössern angefreundet; wie es aussieht, haben sie die Nacht sogar bei ihnen im Stall geschlafen. Wenn das der König wüsste!

Das Kreischen der Papageien sagt den Geschwistern, dass Herr Anada kommt.

Deshalb verabschieden sich die vier von den Pferden und eilen zum Feigenbaum. Herr Ananda ist gerade dabei, die Falten seines Gewandes zu ordnen. Das bedeutet, dass es gleich mit der Geschichte weiter geht:

„Devadatta raste vor Zorn. Es war ihm wieder nicht gelungen, den Erleuchteten aus dem Weg zu schaffen. Er sah nur noch eine einzige Möglichkeit, wie er ihn vernichten konnte: Es musste ihm gelingen, ihm alle Schüler wegzunehmen.

Bei der nächsten Versammlung, die der Buddha einberief, um ungeklärte Fragen zu erörtern, trat Devadatta vor. Die Schüler tauschten erschrockene Blicke miteinander aus. Dass er sich überhaupt noch in die Nähe seines Vetters wagte! Viele befürchteten gleich, dass der Bösewicht wieder vorhatte, dem Buddha etwas anzutun.

Als es an ihm war zu reden, erhob Devadatta seine Stimme:

‚Du hast, erhabener Meister, auf vielerlei Art gelehrt, wie wichtig es ist, mit wenig zufrieden zu sein, und wie wichtig ein guter Lebenswandel ist. Alle Menschen sollen sich bemühen, nicht zu stehlen, nicht zu lügen, keine Wesen zu verletzen oder zu töten, wir sollen gute Freunde sein und versuchen, immer einen klaren Geist zu haben.'
Der Buddha nickte; er gab Devadatta Recht.
‚Aber ich finde', fuhr Devadatta fort, ‚du hast deinen Mönchen und Nonnen ziemlich lockere Zusatzregeln aufgegeben. Ich habe mir eine Verschärfung dieser Regeln überlegt, die hilfreich sein könnte. Wenn der erhabene Buddha diese als Gebote einführen und ihre Nichtbeachtung bestrafen würde, dann könnten sicher sehr viele sehr bald den Weg zur Befreiung gehen können.' Devadattas Anhänger klatschten Beifall, die versammelten Anhänger des Buddha dagegen waren geschockt. Wie konnte es dieser Kerl wagen, einen solchen Vorschlag zu machen? Was bildete er sich ein? Meinte er etwa, klüger zu sein als der Erleuchtete selbst?
Devadatta fühlte sich durch die Unruhe, die unter den Versammelten ausbrach, bestätigt. Jetzt konnte er ihnen beweisen, was für ein schlechter und nachlässiger Lehrer der Buddha war. Laut sprach er weiter:
‚Die erste Verschärfung sollte sein, dass deine Schüler nur noch im Wald leben. Es soll ihnen verboten sein, bei Bettelgängen in die Nähe eines Hauses, eines Dorfes oder einer Stadt zu gehen, um dort unter Dächern zu übernachten', erklärte Devadatta stolz.
‚Die zweite Regel sollte lauten, dass deine Schüler nie mehr Einladungen zum Essen annehmen dürfen. Sie sollen nur von dem, was ihnen jemand in ihre Bettelschale legt, leben.

Als Drittes schlage ich vor, dass sich deine Schüler nur noch in Lumpen kleiden. Die sollen sie sich irgendwo auf den Abfallhaufen oder auf Leichenplätzen zusammensuchen. Viertens meine ich, dass deine Schüler niemals Fisch und Fleisch essen dürfen.'

Der Buddha spürte den Hass und den Hochmut, der ihm aus den Worten Devadattas entgegenschlug. Erwartungsvoll blickte die Menge auf den Erleuchteten. Sie waren gespannt, was er auf die Vorschläge seines Vetters antworten würde. ‚Meine Schüler dürfen in diesen Fragen verfahren, wie sie selbst es für richtig halten. Wollen sie nur im Wald leben, dann sollen sie es tun. Wollen sie sich nur in Lumpen hüllen, steht ihnen dazu nichts im Weg. Wenn sie mögen, dürfen sie gerne eine Einladung annehmen. Fisch oder Fleisch zu essen ist ihnen ebenfalls gestattet, so lange diese Tiere nicht um ihretwegen getötet werden. Wenn sie wollen, dürfen sie sich natürlich ein Dach über dem Kopf zum Schlafen suchen.'
Ein anerkennendes Murmeln erfüllte den Raum. Das war klug gesprochen. Der Buddha hatte sich von seinem dreisten Vetter nicht herausfordern lassen.
Devadatta allerdings sah das anders. Für ihn war das Gespräch wie ein Sieg. Vergnügt dankte er dem Buddha und verließ die Versammlung. Nun hatte er erreicht, was er wollte und konnte jetzt überall herum erzählen, dass der Buddha die Verweichlichung, die Genusssucht und die Bequemlichkeit lehrte. Er dagegen, der große Devadatta, könnte jetzt die strengen Regeln als seine eigenen Vorschriften lehren. Seine Schüler würden viel schnellere Fortschritte machen als die seines berühmten Verwandten.

Ungefähr 500 Schüler sahen das genauso; sie glaubten, dass der Buddha die Verweichlichung erlaubte, und folgten voller Eifer Devadatta als ihrem neuen Lehrer.
Doch schon bald merkten sie, dass das, was er als Verbesserung der Lehre anpries, keine echte Begeisterung in ihnen hervorrief. Devadatta selbst war meistens mürrisch und ließ alle Freundlichkeit seinen Schülern gegenüber vermissen. Dazu kam, dass er sich selbst kaum noch der Meditation widmete. Er probte seine Wunderkräfte, war aber mit dem Erfolg nicht besonders zufrieden. Es ärgerte ihn sehr, dass es ihm nicht mehr gelang, über das Wasser zu gehen.
Bald langweilte sich seine Gefolgschaft nur noch, wenn er zu ihnen sprach. In ihren Augen drehte sich bei Devadatta nur noch alles um ihn selbst und wie er zu mehr Ruhm und Ehre kommen konnte. Ihnen dämmerte langsam, dass das keine Lehre sein konnte, die zur Erleuchtung führte. Einer nach dem anderen verließ ihn schließlich und kehrte wieder zum Buddha zurück. Auch seine alten Schüler hielten es nicht mehr bei ihm aus und hatten seine Ruhmsucht und Prahlerei satt. So kam es, dass Devadatta plötzlich ganz allein dastand. Zudem wurde er schwer krank. Als er fühlte, dass er nicht mehr lange zu leben hatte, überkam ihn eine tiefe Reue. Wie hatte er sich nur seinem Vetter gegenüber so falsch und hinterhältig verhalten können? Er wollte ihn vor seinem Tod unbedingt noch einmal sehen und sich bei ihm entschuldigen. Deshalb schleppte er sich zum Bambuswäldchen, wo der Buddha sich aufhielt. Zwar hatte der erhabene Meister ihm vorausgesagt, dass er sterben würde, ohne ihn noch einmal gesehen zu haben. Doch Devadatta hoffte, dass die Prophezeiung falsch war.
Plötzlich hörte er zwischen den hohen Bambusbüschen eine

Stimme. Er hielt inne und lauschte. Sein Herz tat einen Freudensprung, denn es war die Stimme des Buddha! Ganz in der Nähe hielt er einen Vortrag! Er würde ihn noch einmal zu Gesicht bekommen. Die Voraussage des Erleuchteten war also falsch gewesen!

Devadatta spitzte die Ohren und versuchte zu verstehen, worum es ging.

‚Das Wichtigste ist, dass wir Gutes tun. Wenn wir dann noch das Schlechte vermeiden und unser Herz rein halten, dann sind wir auf dem richtigen Weg. Bedenkt, wohin es führt, wenn man nur sich selbst und den eigenen Ruhm im Sinn hat. Überlegt, was es bringt, wenn ihr die Besten und die Ersten sein wollt. Welche Gefühle sind dann in eurem Herzen? Ist da noch Platz für Liebe? Für Freundschaft? Für Hilfsbereitschaft?‘

Devadattas Herz schlug bis zum Hals. Es klopfte so sehr in seiner Brust, dass er Angst hatte, es würde zerspringen.

‚Er redet von mir!‘, flüsterte er zu sich und wurde sterbensbleich. ‚Sogar töten wollte ich ihn, um ihn an Ruhm zu übertreffen …‘ Das Rasen seines Herzens nahm zu. Devadatta versagten die Knie. Er stürzte und riss sich an den scharfen Blättern des Bambus Hände und Knie auf.

Mit letzter Kraft öffnete er den Mund und flehte: ‚Ich bin verloren, edler Buddha. Verzeih mir, verzeih mir! Lass es mich wieder gut machen, bitte!‘

Er kroch über den Boden. Noch wenige Meter und er hätte den Buddha erblickt. Doch da tat sich ein Spalt vor ihm auf. Kalte Luft drang aus den Tiefen herauf, und die Erde verschluckte den, der so furchtbar viel Böses in seinem Herzen genährt hatte.“

Herr Ananda macht eine Pause. Er benetzt sich mit der Zunge die Lippen.
Tissa befürchtet, dass er womöglich nicht weiter erzählen will. Deshalb sagt er: „Es fehlen noch zwei Erdbeben!“
„Stimmt“, Herr Ananda nickt. „Das fünfte Erdbeben ... Das kommt jetzt.“

Eine nicht gestellte Frage

Herr Ananda sammelt seine Gedanken, räuspert sich und spricht dann weiter:
„Inzwischen waren fast 45 Jahre vergangen, seitdem der Buddha die Erleuchtung erlangt hatte. Jahr für Jahr war er durch das ganze Land gewandert. Die Zahl derer, die ihn begleiteten, war immer mehr angewachsen. Die Leute hatten sich daran gewöhnt, dass unter ihnen einer war, der in allem vollendet war: in seinen Gedanken, seinen Worten und seinen Taten. Es war ihnen schon zur Selbstverständlichkeit geworden, dass sie ihn jederzeit um Rat fragen konnten.
Doch auch der Körper des Buddha war anfällig für Alter, Krankheit und Tod. Denn obwohl er für sich selbst nichts mehr wünschte und den tiefen inneren Frieden der Befreiung erlangt hatte, war sein Körper natürlich den Gesetzen dieses Lebens unterworfen. Auch ich wusste das. Aber weil der Buddha immer unendlich viel Freude und Glück ausstrahlte, war auch ich selbst noch nie auf den Gedanken gekommen, dass mein Lehrer uns irgendwann verlassen könnte. Eines Tages aber wurde der Buddha richtig krank. Obwohl er so geschwächt war, dass er im Bett liegen musste, war er immer noch voller Ruhe und Freundlichkeit, und dass er Schmerzen litt, machte ihm nichts aus. Aber er sah furchtbar gebrechlich aus, und jetzt konnte ich es nicht mehr verdrängen: Auch er würde einmal sterben müssen!
Dieser Gedanke ging mir von da an nicht mehr aus dem Kopf.

Ich wollte den Buddha aber nicht darauf ansprechen, sondern wartete bis er wieder gesund war.
Ich hatte mir eine Frage überlegt, die in diese Richtung ging, ohne allerdings direkt Sterben und Tod zum Thema zu haben. Die stellte ich ihm, als wir einmal zusammen in einem Wäldchen waren.
‚Verehrter Meister', sprach ich ihn an. ‚Gibt es irgendetwas, was du uns noch nicht beigebracht hast?'
Ich weiß noch wie heute, was er darauf antwortete.
‚Alles Wissenswerte habe ich erklärt und erläutert. Es gibt nichts Wichtiges, was ich für mich behalten hätte.'
Ich weiß auch noch ganz genau, wann ich ihn das fragte. Wir beide saßen abends unter einem Baum zusammen und lauschten dem Zirpen der Zikaden. Ein warmer Wind strich durch die Blätter.
‚Was wird uns eine Stütze sein, wenn du nicht mehr da bist, Meister?', fragte ich weiter.
Er antwortete: ‚Stützt euch auf euch selbst. Vertraut euch selbst. Das, was ich euch beigebracht habe, soll euch leiten, nichts anderes. Macht euch klar, dass das Glück nicht dort zu finden ist, wo man es im Allgemeinen vermutet. Nicht im Geld, nicht im Besitz, nicht in der Schönheit, nicht in den angenehmen Gefühlen. Denkt immer daran, dass dieses Leben und auch der Tod wie ein Traum sind, aus dem ihr erwachen könnt.'

Bald nach diesem Gespräch forderte mich der Buddha eines Abends auf, ihn zu einem besonders schönen Platz zu begleiten, von dem aus man die ganze Umgebung überblicken konnte. Die Sonne ging gerade unter, und ein goldenes

Leuchten lag über der Landschaft. Ich war unglaublich glücklich, diesen Ausblick an der Seite meines Meisters genießen zu dürfen.
Er sprach mit mir über etwas, worüber wir noch nie geredet hatten: über seine besonderen Wunderkräfte. ‚Ich könnte mein Leben ausdehnen bis zum Ende dieses Weltzeitalters, Ananda. Dann würde mein Körper nicht sterben. Ich könnte bis dahin unter den Göttern, Menschen und Tieren bleiben, ihnen beistehen und ihnen den Weg der Befreiung zeigen.'
Genau das sagte er zu mir. Ich habe damals nicht begriffen, dass es eine Aufforderung war. Kinder, ihr könnt euch nicht vorstellen, wie dumm ich an diesem Abend war!"
„Warum waren Sie dumm?", fragt Tissa und schaut erst Herrn Ananda, dann seine Schwester an. Doch die schüttelt den Kopf. „Ich verstehe es auch nicht. Warum sagen Sie, dass Sie dumm gewesen sind? Und welche Aufforderung meinen Sie?"

Herr Ananda schweigt für einen Augenblick. Bekümmert fährt er dann fort:
„Ich hätte den Buddha darum bitten müssen, dass er die Wunderkraft anwendet, nicht zu sterben. Denn er war ja aus dem Traum erwacht, in dem Leben und Tod sich in einer endlosen Kette aneinander reihen, er hätte den Tod einfach wegschicken können. Aber da er für sich selbst keine Wünsche mehr hatte, hätte ihn jemand darum bitten müssen. Ich merkte erst, als die Erde bebte, dass ich einen Fehler gemacht hatte, einen weltengroßen Fehler. Das Beben rührte nämlich daher, dass der Buddha darauf verzichtet hatte, bis ans Ende dieses Weltzeitalters weiterzuleben." „Dann gab es sicher auch keinen Blumenregen, oder?", fragt Tissa nach. Jetzt kann

er verstehen, warum Herr Ananda gesagt hat, er habe eine Riesendummheit begangen.
Herr Ananda nickt. „Richtig, Tissa. Es hat keinen Blumenregen gegeben. Es war ja eher ein trauriges Ereignis, wenn auch von weltenweiten Auswirkungen."

„Nur noch drei Monate hatte der Buddha von da an zu leben", fährt Herr Ananda betrübt fort. „Sein Körper war inzwischen sehr geschwächt, und wir kamen auf unseren Wanderungen nur noch langsam voran. Jeder Tag mit dem erleuchteten Meister war eine Kostbarkeit. Ich versuchte alles, was er sagte, so gut ich nur konnte in mein Gedächtnis aufzunehmen. Denn nicht mehr lange, und wir würden ganz auf uns gestellt sein. Dann würde es darauf ankommen, ob wir wirklich alles von seiner Weisheit verinnerlicht und begriffen hatten.
Der Tag, an dem der Buddha von uns gehen sollte, kam bald."
Herr Anandas Stimme klingt plötzlich ganz rau. „Wenn ihr wollt, erzähle ich euch morgen, wie der große Buddha gestorben ist."

Die Kinder nicken stumm. Sprechen wollen sie im Augenblick nicht. Die Geschichte hat sie heute sehr traurig gemacht. Zum Glück müssen sie sich gleich um die Pferde kümmern, das wird sie bestimmt ablenken, hoffen sie. Kaum sind sie im Stall, taucht auch schon Frau Ganga auf.
„Ihr habt doch sicher großen Hunger, Kinder?", fragt sie und stellt dem Elefanten und dem Tigermädchen etwas zu fressen hin.
Jetzt erst merken Siri und Tissa, dass auch ihre Mägen knurren. Schüchtern folgen sie Frau Ganga in den Raum, in dem die

Frauen an den Leinentüchern sitzen. Sie haben schon sehr viele Gewänder genäht. Damit soll der Leichnam morgen eingekleidet werden. Viele Schichten übereinander, und dazwischen sollen Baumwollflocken gelegt werden, erklärt ihnen Frau Ganga. Heute Nacht schon wollen die Frauen mit dem Einkleiden beginnen.

„Wollt ihr beide dabei sein, wenn morgen der Körper unseres Meisters verbrannt wird?“, fragt sie.

„Dürfen wir denn?“, meint Siri unsicher.

„Warum solltet ihr nicht?“, fragt Frau Ganga zurück.

„Unsere Eltern haben es verboten. Sie haben gesagt, Kinder könnten von der Menschenmenge erdrückt werden.“

„Hm“, sagt ihre Gastgeberin. „Da haben eure Eltern sicher Recht. Aber wenn ich euch mitnähme, dann wäre es nicht gefährlich. Ich habe einen Platz unter den Ehrengästen, da wird es bestimmt kein Gedränge geben.“

Siris und Tissas Augen leuchten. „Das wäre großartig!“

Frau Ganga erlaubt ihnen sogar, Nandiya zu besuchen. Es geht ihm schon viel besser, aber er hat noch Schmerzen.

„Was erzählt euch Herr Ananda eigentlich jeden Morgen dort unter dem großen Baum?“

„Wie aus dem Prinzen Siddhartha der erleuchtete Buddha geworden ist. Morgen erzählt Herr Ananda uns, wie der Buddha gestorben ist“, erklärt Tissa.

„So etwas erzählt euch Herr Ananda?“ Nandiyas Augen blitzen neugierig auf.

„Könntet ihr mir die Geschichte auch erzählen? Mir ist so langweilig hier. Und außerdem würde ich auch gerne erfahren, wie man erleuchtet wird. Vielleicht könnte ich das auch schaffen?“

„Ja, gerne erzählen wir dir das!", sagten Siri und Tissa gleichzeitig. „Aber nicht jetzt", fügt Siri hinzu, „wir müssen nach Hause zu unserer Großmutter."

Dieses Mal nehmen sie wieder den Weg über die Straßen. Nach wie vor drängen sich die Leute dicht in den engen Gassen. Inzwischen haben sich die beiden Geschwister an die Menschenmassen gewöhnt. Sie haben sogar eine spezielle Durchschlupftechnik entwickelt, die es leicht macht, sich zwischen den Leuten durchzuschlängeln. Wenn man es richtig anstellt, macht es sogar Spaß!

Die letzte Vollmondnacht

Am nächsten Morgen sitzen die Kinder in feierlicher Stimmung unter dem Baum. Selbst die Papageien halten ihre Schnäbel. Brav und ohne den Elefanten zu ärgern, haben sie sich auf dessen Rücken niedergelassen. Das Tigermädchen sitzt aufrecht neben Siri, hält die Ohren gespitzt und die Schwanzspitze steil nach oben gerichtet. Die Hasen haben sich ebenfalls ordentlich nebeneinander aufgestellt. Auch die Götterkinder sind da, der Baum glänzt wie ein Spiegel, auf den die Sonne scheint. Nur Herr Ananda fehlt noch.
Genau in dem Moment, als der Wind auffrischt und die Blätter in den Zweigen zum Rascheln bringt, kommt er aus dem Haus.
„Guten Morgen, Kinder", begrüßt er sie freundlich und lässt sich dann unter dem Laubdach nieder.
„Um was es heute geht, ist erst vor sechs Tagen passiert. Morgen wird der Körper des Buddha verbrannt werden."
Wie immer ordnet Herr Ananda die Falten seines Gewandes, bevor er weiter erzählt.

„Wir waren auf dem Weg hierher nach Kusinara und machten unterwegs Rast. Zufällig kam ein Mann vorbei. Er stellte sich als Pukkusa vor und sagte, er sei lange Jahre ein Anhänger des Feuerpriesters Uruvela Kassapa gewesen. Erinnert ihr euch an ihn?"
Die Kinder nicken. Natürlich haben sie die Geschichte mit

dem Feuerhaus, dem Schlangenkönig und dem stolzen Feuerpriester nicht vergessen.

„Dieser Feuerpriester also, jener hundertjährige Asket, den der Buddha vor vielen Jahren vom Glauben an die Macht des Feuers abgebracht hatte, war der Lehrer dieses Mannes gewesen.

‚Ich wollte schon lange Euer Schüler werden, verehrter Buddha. Wie glücklich bin ich, dass ich Euch hier treffe!' Er verneigte sich tief. Und als der Buddha ihn als Schüler angenommen hatte, fragte er weiter: ‚Darf ich Euch ein Geschenk überreichen?'

Der Buddha nickte und nahm den goldfarbenen Schleier entgegen, den er sich gleich umlegte. Ich wollte meinen Augen nicht trauen: Der goldene Schleier wirkte stumpf und fast grau, weil der Körper des Buddha heller strahlte als glänzendes Gold.

Erstaunt fragte ich: ‚Verehrter Meister, warum leuchtest du so sehr?'

‚Ananda', antwortete er mir, ‚es gibt zwei Zeiten im Leben eines Buddha, in denen das geschieht. Die eine ist die der Erleuchtung, die andere ist die Zeit, wenn er seinen Körper verlässt. Heute Nacht noch werde ich im Land der Maller ins Nirvana eingehen.'

An diese Worte erinnere ich mich ganz genau. Ich habe seltsamerweise vergessen, wie ich sie aufnahm. Denn das, was ich die ganze Zeit befürchtete, sollte jetzt eintreten.

‚Begleite mich zum Salbaum-Wäldchen', forderte der Erwachte mich auf. Ich tat, was er wollte. Es war ganz in der Nähe. Ihr kennt es."

Die Kinder nicken. Natürlich kennen sie diesen Ort, sie sind

schon oft zum Spielen dort gewesen.
‚Zwischen diesen beiden Salbäumen bereite mir bitte ein Lager, Ananda', sagte der Buddha zu mir.
Ich legte die Decken, die ich dabei hatte, ordentlich auf den Boden und versuchte, es so bequem wie möglich für ihn zu machen. Der Buddha streckte sich auf der rechten Seite liegend aus und stützte seinen Kopf in die rechte Hand.
Kaum lag er, begannen die Bäume zu blühen, obwohl gar nicht die Zeit dafür war. Die Götter ließen Blüten herabregnen, Wohlgerüche erfüllten die Luft und himmlische Instrumente erklangen.

Einige Leute hatten erfahren, dass der Erwachte in ihrer Nähe war, und strömten in Scharen herbei. Ich hatte alle Hände voll damit zu tun, dass sie sich in gebührendem Abstand hielten. Ich wusste ja, wie geschwächt der Erwachte war, und wollte nicht, dass er sich zu sehr anstrengte.
Subhadda, ein sehr gelehrter Mann, wollte ihm unbedingt noch eine Frage stellen, drängelte sich vor und bat inständig, vorgelassen zu werden. Aus Rücksicht dem geschwächten Buddha gegenüber lehnte ich seine Bitte ab.
‚Lass ihn seine Frage stellen, Ananda. Es ist in Ordnung', sagte der Buddha, der alles mitbekommen hatte.
Dankbar trat Subhadda vor: ‚Verehrter Meister, vielen Dank, dass Ihr mir die Gelegenheit gebt, Euch eine für mich sehr wichtige Frage zu stellen: Welche anderen Lehrer haben ebenfalls die Wahrheit erkannt?'
Ich war erleichtert. Dies war keine komplizierte Frage.
‚Subhadda', antwortete er, ‚es nützt dir nichts, wenn ich anfange, Namen aufzuzählen. Deshalb will ich dir ganz

allgemein antworten: Nur die Lehre führt zur Befreiung, in der es um folgende zwei Dinge geht: erstens die Erkenntnis, dass ‚Haben Wollen' zu nichts führt, und zum ‚Haben Wollen' gehört auch die Rechthaberei. Zweitens muss in einer solchen Lehre dieses unbedingt im Mittelpunkt stehen: Gutes tun, Meditationen, bei denen man lernt, den Geist gesammelt zu halten, und Anweisungen, wie das Leben und die Welt als Traum zu erkennen ist.'

Subhadda verbeugte sich dankbar. Er war offenbar mit der Antwort, die er bekommen hatte, sehr zufrieden.

Inzwischen war es schon weit nach Mitternacht. Der Mond stand rund und voll am Himmel und spendete uns sein Silberlicht. Der Buddha hielt seine letzte Rede vor uns Schülern. Er ermahnte uns, nach seinem Tod nicht traurig zu sein. Keinesfalls sollten wir meinen, jetzt keinen Meister mehr zu haben, der uns den Weg weisen könnte.

‚Das, was ich euch gelehrt habe, soll euer Meister sein', betonte er erneut. Dann wandte er sich noch einmal eindringlich an uns. ‚Gibt es unter euch Fragen? Hat irgendwer etwas nicht ganz genau und gründlich verstanden? Jetzt bin ich noch da. Jetzt ist die letzte Gelegenheit, eure Zweifel zu klären.'

Doch niemand stellte eine Frage. Zufrieden lächelte der Buddha, unser großer, unübertrefflicher Meister. Dann sprach er folgende Verse:

‚Behaltet Folgendes fest in Erinnerung:
Alles, was einen Anfang hat, hat auch ein Ende.
Gebt euch Mühe, und verwickelt euch in nichts.'

Dann versenkte sich der Erhabene in die verschiedenen Stufen der Meditation. Eine tiefe Ruhe und großer Frieden breiteten sich um ihn herum aus, und mit einem Mal setzte sein Atem aus. Doch der Körper strahlte so golden, dass er in der Mondnacht leuchtete wie die Sonne.

Plötzlich bebte die Erde, Donner grollten, und ein unermesslicher Blumenregen fiel vom Himmel, denn dieses Ereignis berührte die Welt in ihrem tiefsten Sein. Das war das Erdbeben, das ihr selbst erlebt habt. Manche schwiegen still und waren froh, weil sie den Frieden spürten, in dem der erhabene Buddha nun seinen Körper verlassen hatte. Andere warfen sich laut weinend und schluchzend auf den Boden und ließen ihren Trauergefühlen freien Lauf. Am frühen Morgen bin ich dann ins Stadthaus nach Kusinara gegangen, um den Leuten den Grund für das Erdbeben zu erklären. Danach wollte ich allein sein, deshalb bin ich in den Mangowald gegangen.
„Dort haben wir Sie dann getroffen!“ Siri und Tissa blicken Herrn Ananda dankbar an.

Flammenglanz im Lichtertanz

An diesem Abend hat die Großmutter alle Hände voll zu tun. Siri und Tissa müssen gebadet werden, denn sie riechen so sehr nach Pferdestall, dass es kaum auszuhalten ist. Heute Nachmittag haben sie die edlen Rösser zwei Stunden lang gestriegelt und gebürstet. Ihnen die Mähnen gekämmt und die Hufe geputzt. Sie sollen nämlich morgen den Wagen von König Ajatasattu zur Verbrennungsstätte ziehen. Die wichtigsten Schüler des Buddha, Herr Ananda, Herr Anuruddha und Herr Upali werden im Wagen des Königs mitfahren.

„Du meine Güte, sogar die Haare sind voller Stroh! Wie habt ihr das nur fertig gebracht?“

Die Großmutter seift Siri und Tissa ein, dass es nur so schäumt. „Was ziehen wir denn morgen an?“, fragt Siri und verschluckt sich am Seifenwasser. Vor lauter Husten kann sie die Antwort der Großmutter nicht verstehen und auch nicht das, was weiter gesprochen wird.

„Aber Frau Ganga nimmt uns mit!“, tönt Tissa so laut, dass es Siri durch ihr Husten hindurch hören kann.

Endlich hat Siri sich wieder beruhigt und kann sich wieder am Gespräch beteiligen.

„Eure Eltern werden nie erlauben, dass ihr zur Verbrennung geht!“, erklärt die Großmutter streng. „Sogar ich habe mich entschlossen erst hinzugehen, wenn alles vorbei ist. Wer würde denn schon auf eine alte Frau Rücksicht nehmen!“

„Aber Großmutter! Wir haben schon alles ausgemacht. Morgen

früh, eine Stunde vor Sonnenaufgang, müssen wir bei Frau Ganga sein. Wir dürfen sie begleiten! Das ist doch das Tollste, was uns passieren kann!“

In diesem Moment kommen die Eltern nach Hause. Sie sind heute den ganzen Tag im Stadthaus gewesen und haben Blumengirlanden geknüpft. Der Weg vom Nordtor bis zum Osttor soll in eine Blumenstraße verwandelt werden. Vor dem Osttor, am Ufer des Ramabharsees, ist der Scheiterhaufen aufgebaut. Nur die alleredelsten Sandel-Hölzer sind dafür verwendet worden. Wenn der Körper des Buddha verbrannt wird, soll ein Wohlgeruch zum Himmel steigen, der die Götter erfreut!

„Wir werden heute kaum Zeit zum Schlafen haben“, sagen sie zur Begrüßung.

„Warum nicht?“, fragt die Großmutter.

„Wegen der Blumengirlanden. Die müssen wir in der Nacht zwischen den Häusern aufhängen. Wenn die Sonne aufgeht, wird der Leichnam vom Salwäldchen zum Verbrennungsplatz zum See am Osttor getragen.“

„Ihr seid aber bei der Verbrennung dabei?“, fragt die Großmutter nach.

Die Mutter nickt. „Für uns Helfer wird ein Bereich zwischen dem Scheiterhaufen und dem See abgesperrt.“

„Vielleicht können wir euch Kinder sogar mitnehmen“, überlegt der Vater.

„Nicht nötig!“, wendet die Großmutter ein. „Eure Kinder gehören inzwischen zu den wirklich wichtigen Persönlichkeiten.“

„Wie bitte? Was soll denn das schon wieder heißen?“ Entgeistert starren Mutter und Vater die Geschwister und die Großmutter an.

„Wir haben doch auf die Pferde aufgepasst. Wir haben sie geputzt und gefüttert. Weil doch Nandiya ..."
„Ja, ja, das wissen wir schon. Was hat das mit der Verbrennung zu tun?", will der Vater wissen.
„Frau Ganga nimmt uns mit. Wir werden in der Nähe von Herrn Ananda und dem König Ajatasattu sein und ..."
„In der Nähe des Königs und von Herrn Ananda?" Der Vater glaubt sich verhört zu haben.
Die Kinder nicken.
„Das ist ja eigentlich ein kleines Wunder! Unsere Kinder sind einfach etwas Besonderes!", lacht die Mutter. Sie nimmt Siri und Tissa in die Arme und drückt sie fest an sich.

Ganz früh am nächsten Morgen weckt die Großmutter ihre Enkelkinder. Die Eltern sind längst in den Straßen von Kusinara.
„Hier, ich habe euch noch etwas zum Anziehen besorgt!", sagt sie und zeigt ihnen die Kleidungsstücke.
„Wie schön!" Sofort ist Siri hellwach. Jetzt müssen sie nur Acht geben, dass sie auf dem Weg zu Frau Ganga nicht schmutzig werden.
Nach dem Frühstück schickt die Großmutter sie los. „Findet ihr auch den Weg?" Es ist auf den Straßen noch ziemlich dunkel, nur der Halbmond am Himmel spendet etwas Licht. Erst in zwei Stunden wird die Sonne aufgehen."
„Natürlich!" Siri nimmt Tissa bei der Hand und sie laufen zum blau-roten Haus. Nur nicht hinfallen oder irgendwo anstoßen! Dann wäre die Mühe der Großmutter umsonst gewesen.

Als sie bei Frau Gangas Haus ankommen, werden sie vom freudigen Wiehern der Pferde empfangen, die schon an-

geschirrt vor dem Haus stehen.
„Siri, Tissa!", Frau Ganga steht in der Tür und ruft sie herein. „Großartig seht ihr aus!" Sie selbst hat sich ihren besten Sari angezogen. Er ist schneeweiß und hat an den Rändern goldene Borten. Ins Haar hat sie eine rote Blüte gesteckt, die überirdisch schön aussieht.
In diesem Moment ertönen sehr laute Schritte. Die königliche Garde marschiert auf. In ihrer Mitte sind Herr Ananda und König Ajatasattu zu sehen. Siri und Tissa halten den Atem an. So nah neben einem König stehen sie! Wenn sie das ihrer Großmutter erzählen …

Die Hufe der Pferde wirbeln Sand auf, als sich der Wagen in Bewegung setzt.
„Auf, Kinder, wir folgen zu Fuß!"
Frau Ganga nimmt Siri an die rechte und Tissa an die linke Hand. So gehen sie hinter dem königlichen Wagen her, der im Schritttempo auf das Salwäldchen zufährt. Bald schließen sich ihnen Leute an.
Es dauert nicht lange, und sie haben die beiden Bäume erreicht, zwischen denen der Buddha gestorben ist. In der Nacht wurde der Leichnam in die weißen Leintücher gewickelt, die die Frauen in Frau Gangas Haus zurecht geschnitten haben. Ein Leuchten ist um die beiden Salbäume, dass man glaubt, es sei schon Tag.
Der Wagen des Königs hält in gebührendem Abstand an. Die Tür öffnet sich und die Männer steigen aus. Die leisen Gespräche der Leute verstummen schlagartig, als der König und die drei bekanntesten Schüler des Buddha den Leichnam dreimal umrunden und dann mit gesenkten Häuptern vor

ihm stehen bleiben. Sechs Männer treten hinzu, gekleidet in die allerfeinsten Gewänder. Sie führen ein mit Blumen geschmücktes Tragegestell mit sich. Vorsichtig nehmen sie den Leichnam hoch, legen ihn auf die Trage und beginnen ihren Weg in Richtung auf das Nordtor von Kusinara. Herr Ananda, Herr Anuruddha und Herr Upali folgen. Danach kommen der König und andere Fürsten und Priester. Frau Ganga drängelt sich selbstbewusst in eine der ersten Reihen. Die Kinder haben vor Aufregung einen roten Kopf bekommen. Sie stehen fast ganz vorne!

Langsam bewegt sich die Prozession voran. Immer mehr Menschen strömen zusammen und schließen sich an. Manche tragen Blumengirlanden um den Hals. Alle sind in ihre besten Gewänder gekleidet. Da spürt Tissa plötzlich ein weiches Etwas neben sich. Der kleine Elefant beschnuppert ihn mit seinem Rüssel! Er ist also auch gekommen. Neben Siri geht auf weichen Pfoten das Tigermädchen. Manchmal schmiegt sie sich um Siris Beine, sodass sie aufpassen muss nicht zu stolpern. Doch nicht nur der kleine Elefant und das Tigermädchen sind gekommen. Auch die beiden Hasen hoppeln neben ihnen, und die Papageien begleiten fliegend die Prozession. Als Siri sich umschaut, erkennt sie in der Morgendämmerung die Umrisse riesiger Elefanten. Auch Wasserbüffel und Antilopen sind gekommen. Erstaunt sieht Siri, dass sich inzwischen viele wilde Tiere unter die Menschen gemischt haben. Doch das löst keine Panik aus. Im Gegenteil. Es ist, als wäre es das Normalste von der Welt, dass Tiger, Büffel, Füchse, Affen, Krokodile und viele andere Tiere mehr zusammen mit den Menschen dem Buddha die letzte Ehre erweisen.

Jetzt ist die Prozession am Nordtor angekommen. Sie betreten

die Blumen geschmückte Straße. Wunderschön sieht es aus! Wie ein einziges Blütenmeer!
Obwohl immer mehr Menschen und Tiere sich anschließen, liegt ein Friede und eine Ruhe über der Stadt, wie man es sich in den letzten Tagen niemals hätte vorstellen können.
Als die Männer den Leichnam des Buddha durch das Osttor wieder aus der Stadt hinaus tragen, wirft die aufgehende Sonne gerade ihre ersten Strahlen auf die Erde. Immer mehr Sonnenstrahlen erfüllen den Morgen und es dauerte nicht lange, da erglänzt der See, an dem die Verbrennungsstätte aufgebaut ist, wie ein Silberspiegel.
Die Männer stellen das Tragegestell auf einen dafür vorbereiteten Platz vor dem Scheiterhaufen ab. Schweigend versammeln sich Menschen und Tiere am Ufer des Sees, der in der aufgehenden Sonne glitzert. Doch ein anderer Glanz ist hinzugekommen. Es ist, als habe sich das Strahlen der Sonne auf dem Leichnam des Buddha niedergelassen. Regenbogen tanzen in der Luft und es ist, als erklänge Musik.
Herr Ananda und Herr Anuruddha sehen sich an. Ihren Blicken ist nicht entgangen, was das bedeutet. Götter und Göttinnen sind herbeigekommen, um der Verbrennung des Buddha beizuwohnen.
Nun ist die Zeit gekommen, den Leichnam auf den Scheiterhaufen zu legen. Die sechs Männer fassen ihn vorsichtig an. Doch nichts passiert.
„Wir können ihn nicht von der Stelle bewegen“, flüstern sie Herrn Ananda zu.
Der schaut mit verklärtem Blick in die Wolken von Regenbögen. Es ist, als würde die Musik zu ihm sprechen.
„Es sind die Götter, die es verhindern. Wir sollen noch auf

Mahakassapa warten, er ist auf dem Weg“, antwortet Herr Ananda ebenso leise.
Doch Siri hat die Ohren gespitzt und alles mitgehört. „Wer ist Herr Mahakassapa?“, haucht sie Frau Ganga ins Ohr.
„Einer der bedeutendsten Schüler des Buddha. Du wirst spüren, warum er so bekannt ist, wenn du ihn siehst“, flüstert Frau Ganga zurück.
Da öffnet sich plötzlich eine Gasse unter den Versammelten. Ein in gelbliche Gewänder gekleideter älterer Herr schreitet mit kräftigen Schritten durch die Menge hindurch. Ihm folgt eine große Schar Mönche.
Eine Energie geht von ihm aus, dass Siri das Gefühl hat, um ihn herum lodere Feuer, obwohl man keine Flammen sieht. Kein Wunder, dass Herr Mahakassapa ein wichtiger Buddha-Schüler ist!
Dreimal umschreitet er den Leichnam seines großen Lehrers. Das Gefühl von funkenschlagendem Feuer wird immer intensiver. Jetzt endlich können die Männer den Leichnam auf den Scheiterhaufen legen, der sich sofort von alleine entzündet. Siri fasst Frau Gangas Hand fester. Ein Tanz von Feuer und Licht! Die Flammen züngeln an den weißen Leintüchern, golden erglänzt die Glut, die dann plötzlich in ein strahlendes Weiß übergeht. Düfte steigen auf und aus den Tiefen des Himmels hört man wundersame Klänge.

Abschied

Wie Siri zum Haus von Frau Ganga gekommen ist, weiß sie nicht mehr. Sie erinnert sich nur an das überirdische Weiß, ein Strahlen, wie sie es noch niemals in ihrem Leben gesehen hat. Doch was dann geschah, ist aus ihrem Gedächtnis gelöscht wie die Feuer auf dem Scheiterhaufen, auf dem der Leichnam des Buddha verbrannt wurde.

Erst als sie im Garten von Frau Ganga sind, kommt Siri wieder zu sich. Nicht, dass sie ohnmächtig gewesen wäre. Aber es war so unbeschreiblich, was sie da am Verbrennungsplatz gesehen und gefühlt hat, dass ihr die Worte fehlen.

„Nur Knochen sind übrig geblieben", erklärt Frau Ganga, als die Kinder wieder ansprechbar sind. Tissa scheint es ähnlich ergangen zu sein wie seiner Schwester. Sogar der kleine Elefant sieht abwesend aus. Die kleine Tigerin schmiegt sich an Siri. Die Papageien sitzen schweigend in den Ästen des Feigenbaumes. Wo sind die Hasen? Siri schaut sich suchend um. Sie hoppeln vor Herrn Anandas Füßen herum, der gerade auf sie zukommt.

„Für die sterblichen Überreste des Buddha werden im ganzen Land zehn große Denkmäler errichtet. Eines davon wird in Kusinara sein."

Schweigend hören die Kinder Herrn Ananda zu. Ob er auch dieses unvorstellbare Weiß gesehen hat?

„Ja, Kinder“, sagt er, als ob er ihre unausgesprochene Frage gehört hätte. „Die Verbrennung des Leichnams eines vollkommen Erwachten ist etwas Überirdisches“, sagt er. „Wenn ihr älter geworden seid, werdet ihr vielleicht besser verstehen, was ihr erlebt habt.“
Stumm nicken die Kinder.
„Es war mir jedenfalls eine große Ehre, euch die Geschichte unseres erleuchteten Meisters erzählt zu haben.“ Herr Ananda verbeugt sich leicht vor den Kindern.
„Aber es war doch für uns eine Ehre!“, antwortet jetzt Tissa, der allmählich wieder der Alte wird.
„Die Ehre war wohl auf beiden Seiten“, mischt sich Frau Ganga lachend ein.
„Ich werde heute noch aufbrechen“, sagt Herr Ananda. „Ich will die Zeit nutzen, die mir im Leben noch bleibt, um dem Weg des Buddha zu folgen. Lebt wohl, Kinder!“
„Wenn ihr eure Großmutter besucht, dürft ihr jeder Zeit auch zu mir kommen“, sagt Frau Ganga. „Ich bin sicher, dass auch Nandiya sich darüber freuen würde.“
„Sind die Pferde schon weg?“, fragt Tissa. Gern hätte er sich von ihnen verabschiedet.
„Ja!“, antwortet Frau Ganga. „Aber auch König Ajatasattu besucht mich ab und zu. Er kommt immer mit seinen Pferden.“

Abends ist im Haus der Großmutter noch lange die Rede davon, wie es denn möglich war, dass so viele Tiere zur Verbrennung des Buddha gekommen sind.
„Und es waren ja auch wilde Tiere dabei“, wundert sich der Vater.

„Wo hast du eigentlich deinen kleinen Elefanten gelassen?“, fragt die Mutter neugierig.
„Der hat seine Familie wieder gefunden“, erklärt Tissa und lächelt versonnen.